SHODENSHA
SHINSHO

ソをつく

博明

祥伝社新書

まえがき

周囲を見回すと、記憶をめぐるトラブルが絶えない。「ちゃんと言ったはずだ」に対して、「そんなこと聞いてない」。「こんなひどいことを言われた」に対して、「そんなこと言ってないじゃないか」といった具合に、記憶をめぐる言い争いは日常茶飯事だ。

この文章を書いている日にも、こんなことがあった。

一緒に研究をしている若手から、「先生は一五〇〇人を対象とした調査をやると言っていると聞いたが、予定では九〇〇人じゃなかったか」と聞かれた。そこで、僕は「予定どおり九〇〇人のつもりだし、相手先と人数の話などしていないし、一五〇〇人などという数字を出してもいない」と答えた。だが、彼が相手先に僕の意向を伝えても、向こうは「先生は一五〇〇人と言った」と繰《く》り返す、と言う。

「まあ仕方ない、こんなときはお互いが自分の記憶は正しいと信じ込んでいるのだし、これ以上の議論は不毛だ。これが人間の記憶の持つ本質的な特徴なんだよ」

というわけで、一五〇〇人の調査を受け入れた。

どうしてこのような記憶のすれ違いが起こるのだろうか。本書は記憶の怪《あや》しさを科学的に解明することを目的としている。『人はウソをつく』ではなく、『記憶はウソをつく』としたところがミソだ。本人はウソを言っているつもりなど毛頭ないのに、事実と違うことを言っていたりする。ある意味では、ウソをついているつもりがないだけに、始末が悪い。

そうなると、事実というのは一体どこにあるのだろうか。

裁判などでは目撃証言が判断の決め手となることが少なくない。だが、目撃証言も生の人間の記憶である限り、特定の個人の視点から知覚され、解釈され、記憶されたものである。そこには、その人の人生経験や価値観・人間観、そして当該事件に関する予備知識が反映されている。その意味において、記憶とは、事実に関する一つの見方であり、個人的な視点から再構成された事実と言わざるをえない。

本書では、第1章で、被害記憶がどのようにして捏造《ねつぞう》され、心の中に浸透・定着していくのかが検討されている。覚えのないことで訴えられるばかりではない。自分がほんとうはやっていないことをやったと思い込むようになることがある。とくにいろいろと質問される中で、視覚的イメージを膨《ふく》らますと、やっている自分の姿が心に浮かぶようになる。

想像したことと経験したこととの境界線は、どうやら相当に曖昧《あいまい》なものであるようだ。

第2章では、無意識のうちに記憶が書き換《か》えられていくメカニズムについて解説している。僕たちは、目撃した出来事をどれだけ正確に報告することができるのか。目撃証言から犯人の手がかりを得るというのは、犯罪捜査の常道だろう。しかし、この目撃証言が実はあまりあてにならないことが、冤罪《えんざい》事例などから明らかになっている。

第3章では目撃証言がどのようにして変容していくかについて、さまざまな心理実験による科学的裏づけをもとに検証している。僕たちの記憶があまりあてにならないというのであれば、複数の人間で話し合うのが本当によい方法なのか。どうすればより正確に思い出すことができるのだろうかについて論じているが、真実は、そうとも言えないらしい。

第4章では、みんなで話し合うことのメリットやデメリットについて検討している。

記憶の不思議をめぐる問題に明確な答えを出すのは難しい。僕たちにできるのは、他人の記憶の真実や誤りを判断する際に、記憶の危うさを考慮しつつ慎重に判断するということだろう。

裁判員制度においては、犯罪の立件に裁判員が関わることはなく、有罪である確率のきわめて高い事件の量刑判断が仕事の中心であるようだ。だからといって、容疑者や被害者、そして目撃者の証言に無関心でいられるわけではない。それらの証言が重要な判断基準ともなり得る。

冤罪を重点的にとりあげたのは、それが意外に身近に起こり得るものだからだ。誰もがいつ冤罪の被害者になるかわからないという現実の危うさは、本文を読めばおわかりいただけるだろう。

そんな被害は何としても防がなければならない。

何かとトラブルの多い時代である。裁判員に限らず、職場でも学校でも、あるいは近隣社会でも、「被害を受けた」、「そんなことはしていない」といった言い争いは日常茶飯事だ。

本書をお読みくだされば、記憶の不思議についておわかりいただけることと思います。

二〇〇九年八月

榎本博明

記憶はウソをつく　目次

第2章　記憶は無意識のうちに書き換えられてしまう　57

第3章　記憶はどこまで再生できるのか　119

序章　記憶の不思議

記憶に左右される私たち

このところのニュースで、犯行時の記憶がはっきりしないことによる責任能力の有無が争点になっている事件の報道が複数あるのが気になった。ほんとうに犯行当時に心神喪失状態にあったのか、罪を逃れるために記憶がないフリをしているのかがポイントとなっているようだ。

心神喪失状態の犯行は、責任能力の欠如ということで罪に問われない。記憶にないということ、あるいは記憶が曖昧ではっきりしないということが、罪の認定に際して、決定的な影響を及ぼすことがある。

当時の記憶がハッキリせず、説明の辻褄《つじつま》が合わないことが、アリバイに対する疑わしさを増加させ、容疑者を不利な立場に追い込む。その一方で、そうした記憶の不確かさが、責任能力への疑問ゆえに、犯人に対する罰を軽減させる要因にもなるのだ。

また、責任能力の判断が判決ごとに揺れている事例についての記事も目に飛びこんできた。短大生である妹を殺害し、遺体をバラバラに解体した、当時予備校生であった被告に対する判決だ。

一審では、殺害時の責任能力を認めつつも、死体損壊時には心神喪失の可能性を否定できないとして、懲役七年の判決が下された。精神鑑定医の鑑定結果は、被害者の挑発的態度が、被告の人格内部に隠れていた自分でも認識していない部分を爆発させ犯行に及んだのであり、死体損壊時には解離性同一性障害《かいりせい》（俗に言う多重人格）を引き起こしていて、ともに責任能力はなかったというものだった。

裁判長は、精神鑑定の結果をもとに、その意図や作業過程は、隠しやすくするとか運びやすくするということでは説明できず、別の人格を仮定しないと説明できない。したがって死体損壊時には被告本来の人格とは別のどう猛な人格状態にあった可能性が高いという判断に合理性があるとし、死体損壊に関してのみ解離性同一性障害による責任能力の欠如を認めたのだった。

解離性同一性障害、いわゆる多重人格者の場合は、別々の人格同士の間に記憶の連続性がないため、通常の人格とは別の人格がやったことに対して、通常の人格は責任を持つわけにはいかない。記憶の連続性がない別人格というのは、別の人間と同じだ。だれだって他人のしたことの責任を問われても困るだろう。そこで、人格の解離が生じていたときの犯行については、本来の人格は責任を免れることになるのだ。

だが先ごろ下された二審の判決は、死体損壊については心神喪失により責任能力はなかったとした一審の判決を破棄するもので、殺害に関しても死体損壊に関しても責任能力を認めて、懲役一二年とした。裁判官の判定が、同じ事件についても有罪と無罪に分かれるほど、責任能力の有無というのは判断の難しい問題なのだ。

自分の記憶はどこまで真実なのか

犯罪の記事に関連して記憶の不思議を感じさせられるのは、記憶喪失や人格の多重性による責任能力の問題にかぎらない。冤罪《えんざい》事件という、あってはならない不幸な事例に関しても、濡れ衣を着せられた被告がついに自白をしてしまい、犯行ストーリーを自分のものとしてしまうプロセスを見るとき、記憶の不思議を思わざるを得ない。

そして、僕たちの記憶というのは、ちょっとしたボタンの掛け違いで揺らいでしまうのかもしれないといった思いに駆られ、恐ろしくなる。自分の記憶している自分にとっての真実を、周囲のだれもが認めてくれないとき、その真実をどのように証明したらよいのだろうか。周囲の人たちが信じていることを、はたして自分も真実として受け入れるようになってしまうのだろうか。

僕は昔からエピソード記憶が得意なほうで、学生時代の友だちと昔を懐かしみながら話すときなどには重宝がられる。仕事絡みの友だちとの間でも似たようなことはよくある。

「よく覚えているなあ」

「そう言えばそうだった」

と盛り上がったりする。

「そんなことあったかなあ」

とまったく記憶していない者がいることもあるが、別のだれかが、

「確かにそんなことがあった」

と、保証してくれれば話はスムーズに流れていく。

だが、ときに困ったことが起こる。僕ははっきりと覚えており、当然みんなも覚えているはずと思いこんでいたことを、周囲のだれも覚えていないということがあるのだ。そうなると、僕がまるで嘘を言っているみたいなことになってしまう。

たとえば、友だちA、Bと三人で飲みに行ったときのことだが、その一年前に一緒に旅行に行ったときの話で盛り上がった。だが、そのときも記憶の不思議を思わざるを得ない経験をした。その旅行中に、AがBに思わず失礼なことを言ってBを怒らせてしまい、僕が仲裁するというささやかな事件があった。事件といっても、興奮して議論している最中

についAが失言をしてしまい、Bが文句を言ったけれどもAがそれに反論したものだから、冗談半分の口論になったというものである。

ところが、おかしなことに二人ともまったく覚えていないのだ。僕ははっきり記憶しているのに、言ったほうも言われたほうもすっかり忘れていて、

「また話を作っちゃって」

などと声を揃えて言う始末である。

見ていた僕だけが記憶していて、言ったほうも言われたほうも記憶していない、つまり、その場に居合わせた三人のうち二人が記憶していないのだ。そうなると、本当にあった出来事であるにもかかわらず、僕の思い違いということにされてしまう。

「僕が言っていることは思い違いなんかじゃない、二人の間には本当にそのようなやりとりがあったんだ」

といくら言っても無駄だった。

何しろ当事者である二人ともがまったく覚えていないのだから。

職場の会議などでも、そうした記憶喪失事件は日常茶飯事である。自分では前回のみんなの発言を鮮明に記憶しており、十分な議論を経てその結論に至ったのだから今さら蒸し

返す必要もないだろうと思っていると、驚くべきことに多くの人が記憶を失っており、まったく同じ議論が違った形で展開され、違った結論に導かれていくことが多々ある。

僕は学内政治にはまったく関心がないので、そんなときは人間の記憶っておもしろいなあと感慨に耽《ふけ》ってしまう。そして、自分の記憶がことごとく周囲の人たちによって否定される世界に紛れ込んでしまったら、僕はどうしたらよいのだろうかなどと真剣に悩み、考え込む。

わずか一五分の自分の行動を説明できるか

つい先日、テレビを見ていると、冤罪により一七年もの間刑務所に拘束されていた人が釈放され、記者会見に応じる姿が映し出されていた。言葉にならないどれだけの思いが込み上げていることだろうと、心を打たれつつニュースを食い入るように見ていた。気になったので、いろんな新聞報道を読んでみた。

栃木県足利市のパチンコ店駐車場で、父親がパチンコをしている間に四歳の女の子が行方不明となり、翌日近くの河川敷で全裸の遺体が発見され、川の中から微量の体液の付着した女児のTシャツが発見された事件である。

逮捕の決め手は自白、それに唯一の物証であるTシャツに残った体液のDNA鑑定だったようだ。はじめのうちはDNA鑑定結果を示されても犯行を否定していたのだが、過酷で執拗《しつよう》な取り調べが一三時間も続いて、とうとう認めてしまったという。

取り調べでは、いくら、

「やってません」

と言っても、

「おまえがやったんだ」

と言われ、身体を揺さぶられたり、髪を引っ張られたり、蹴られたりして、

「早く話して楽になれ」

と言われ、このままでは帰れなくなると心細くなり、とうとう、

「やりました」

と言ってしまったという。

当時解決していなかった別の二件の女児殺害事件についてまで、刑事から決めつけた調子で追及され、

「やりました」

と言ってしまったというのだ。

当時は新しく導入されはじめたばかりのDNA鑑定を絶対視する風潮があったのも不幸だった。それ以外には何の証拠もないのに、自白を主な根拠として有罪判決が下された。ところが、今回改めてDNA鑑定を行なったところ、女児のTシャツに付着していた体液のDNA型と受刑者のそれとは一致しなかったのだ。

今のDNA鑑定は一七年前と違ってかなり精度が高まっている。そこで、検察側もこの鑑定結果を受け入れ、再審が決まり、再審無罪にいたったのである。

また、いまだに謎の多い甲山《かぶとやま》事件は、兵庫県西宮市の知的障害児施設で、二人の園児が相次いで行方不明となり、ともに園内のトイレの浄化槽の中から遺体で見つかったという事件である。浄化槽は一・五メートルほどの深さで、二人は落ちたか落とされたかして、そのなかで窒息死していた。

殺害の被告とされた保母が、二三年もの間被告の座に置かれながらも、とうとう無罪判決を勝ち取ったので有名な冤罪事件である。いくら犯行を否定しても聞き入れてもらえず自白を強いられ、取調官から父親も疑っている、園長や同僚も疑っていると嘘を言われ、心の支えである家族や職場の仲間との絆《きずな》を断ち切られた絶望感から、

「私がやりました」

と言ってしまったという。

その際、アリバイを説明できない空白の一五分について、どこでどうしていたのか、

「どうしても思い出せない」

と言うと、

「思い出せないのは無意識にやったからだ」

と取調官から言われ、そのうちに自分が無意識のうちに園児を殺してしまったような気がしてきたというのだ。そして、そのような自白調書が作成された。だが、やっぱり自分はやっていないという思いが強く、数日後には自白を覆《くつがえ》し否認に転じた。

園児がいなくなった時間帯のアリバイに関して、一五分の空白が問題とされたわけだが、毎日の自分の行動を分刻みで説明できる人がどこにいるだろうか。仮に、先週の水曜日の昼にどこで何を食べたか、昼食後の行動を一時間単位で説明するように、夕食はどこで何を食べたか、夕食後どのように過ごして何時に寝たか、その間の行動を一時間単位で説明するように、などと言われたら、はたして答えることができるだろうか。

一時間単位で聞かれても非常に困難な問いであるのだから、ましてや分刻みでの説明を

求められ、わずか一五分の自分の行動を説明できない時間があったからといって、アリバイが崩れたとして疑われるとしたら、だれでも犯人にされてしまいかねない。しかもいつのどの時間帯について聞かれることになるかわからないわけだから、過去のすべての日について説明できるようでなければならない。考えただけで恐ろしいことである。

これらのケースでは、その後は、

「自分はやっていない」

と主張しており、偽の記憶の注入は起こっていないようだった。

しかし、冤罪事件の中には、刑事による取り調べによって、「自分がやった」という偽の記憶が注入され、根づいてしまうケースもあるのだから恐ろしい。

いくらなんでも自分はやっていないのに「自分がやった」という加害記憶が捏造《ねつぞう》されるなどということが、ほんとうにあるのだろうかと疑問に思われる人もいるかもしれない。

だが、そのようなケースは実際に起こっているし、そのメカニズムが心理学的にも解明されているのだ。詳しくは後に説明することにしたい。

目撃者の証言はどこまで信じられるのか

冤罪事件となる多くのケースは、物的証拠がないために自白が決め手となるわけだが、もう一つ大きな役割を演じるのが目撃証言である。アメリカで誤審に影響した要因を検討した研究がある。それによると、圧倒的に多かったのが目撃者の誤った識別によるもので、全体の五割が目撃者の誤認によってもたらされた冤罪だった。

同じくアメリカの資料だが、DNA鑑定により無実が証明されて監獄から解放された四〇ケースに関する一九九六年の報告によれば、その九割に当たる三六ケースで目撃証言が重要な役割を果たしていることがわかった。

目撃者の証言があると、ついそれを信じてしまいがちだが、実はあまりあてにならないことが、多くの心理学的研究からわかっている。目撃者が嘘をついているというケースもないわけではないが、それは希《まれ》なケースのようだ。

多くの場合、目撃者自身は自分の判断や証言を信じ込んでいる。でも、その目撃者の記憶自体に問題があることが多いのだ。そうなると目撃証言の扱いには慎重でなければならない。この問題については、後に詳しく検討していくことにしよう。

冤罪事件で記憶の問題がより鮮明に見られるのは、被害記憶の捏造である。実際には被害を受けてはいないのに、「自分は被害を受けた」という偽の記憶が注入され、いつの間にかそれが根づいて、「自分は被害を受けた」と本気で信じ込むようになるということが、現実に起こっているのである。

まずはこのあたりから見ていくことにしよう。

第1章　偽の記憶は簡単に植えつけられる

1　幼児虐待は本当にあったのか

被害者の記憶の捏造ということで思い出されるのは、北米に非常に多く報告されている幼児期の被虐待経験の信憑性《しんぴょうせい》の問題だ。

アメリカやカナダは、一般に多重人格といわれる解離性同一性障害の発生数がきわめて多い。たとえば、日本では全国で年間数例しか報告されないのに対して、北米では自分の施設で数十から数百例を扱ったという医師も珍しくないというほどの違いがある。

解離性同一性障害の最も重要な発生要因とみなされているのが、幼児期の被虐待経験である。過酷な被虐待経験や親に対する憎しみをたえず抱《かか》えて生きていくのは、あまりにつらく耐え難い。そうした忌《い》まわしい経験や親への否定的感情を意識せずに日常生活を無事にやり過ごすための方法が人格の解離だというわけだ。

つまり、思い出すのも嫌な被虐待経験の内容や意識したくない親への否定的感情に関する記憶を別人格の中に封じ込めておくことで、普段はそれらの記憶なしに平穏に暮らせるのである。実際、北米では解離性同一性障害ばかりでなく、幼児虐待も飛び抜けて多い。

一九八〇～九〇年代に多重人格の治療中に抑圧されていた幼児期の被虐待経験の記憶が蘇《よみがえ》ったといった報告が北米で相次ぎ、抑圧された被虐待経験の記憶を掘り起こすのが一つのブームになった。

とくに話題となったのは、悪魔的なカルト教団による儀式の中で常軌《じょうき》を逸した虐待を経験したと主張する被害者たちが膨大な数に膨《ふく》れあがっていったことだ。

虐待されたという偽の記憶が偽造されていた！

こうした記憶の多くは、心理療法の中で掘り起こされた。真の自己との出合いを援助すると称して、催眠や暗示的手法を用いて被虐待経験を無理やり想起させようとするカウンセラーや宗教者が活躍した。

カルト教団のみならず、親を虐待主として告発する者も続出した。幼いころに虐待されたのが事実なら、それを思い出し、親を告発するのもやむを得ないかもしれない。しかし、それがもし仮に、偽の記憶の偽造であるなら、そのせいで無実の親が罪に問われ、平和な家庭が崩壊していくのを見逃すわけにはいかない。

実際、幼児期の被虐待経験に関するわが子による訴えに対して、そのような事実はなかったと親の側が反論し、事の真偽が法廷で争われるケースも続出した。慎重に調べた結果、被虐待経験の記憶には何の根拠もないことが判明した事例も出てきた。

そこで、抑圧された幼児期の被虐待経験の記憶の真偽をめぐって、専門家の間で激しい議論が巻き起こった。

多重人格に限らず、「うつ」をはじめとする心理的問題を抱えてカウンセラーに助けを求めてきたクライアントが、カウンセラーから、

「あなたは子どものころに虐待を受けていたのではないですか？」

と問われ、

「そんなことはありません」

と答えても、症状の背後には被虐待経験があるはずだと言われ、

「覚えていないのは抑圧が働いているからでしょう。しっかり過去と向き合って思い出しましょう」

などと誘導されているうちに、ついに虐待された記憶が蘇ってくるという事例が、一九九〇年前後のアメリカで無数に報告されるようになっていた。

そのような流れの中、一九九二年に虚偽記憶症候群財団が設立された。これは、成人し

た子どもが心理療法によって幼児期に親から恐ろしい虐待を受けたという記憶を蘇《よみがえ》らせたという経験を持つ親たちにより結成されたものであった。

心理療法の中で蘇った被虐待経験の記憶が捏造されたものであり、それによってもたらされた家族の不幸の原因は親でなく、虚偽記憶にあることを世の中にアピールするために、いわれなき加害者にされてしまった親たちが集結したのである。虚偽記憶の植えつけ実験で名高い心理学者ロフタスも、この財団の協力者となっている。

ロフタスは、トラウマとなるような重大な出来事の記憶を抑圧し、またそれを、心理療法などをきっかけに鮮明に思い出すなどということは起こり得ないという立場をとり、抑圧された記憶を支持する立場の研究者たちとの間に激しい論争が繰り広げられた。

ロフタスが虚偽記憶に苦しめられている人たちの救済を支援する研究を精力的に進めるきっかけとなったのは、子どものころに父親が友だちをレイプして殺害したと実の娘に訴えられ、罪を問われている父親の裁判だった。心理療法の中でその娘は二〇年くらい前の記憶を蘇らせたというのだ。弁護側から証言を求められ、娘の記憶の不確かさを指摘し、記憶の細部は後に読んだ新聞記事を取り込んだものだと主張したが、陪審員たちはそうした説明を受け入れず、結局、その父親は有罪判決を受けた。

ロフタスは敗北感に打ちひしがれた。記憶心理学者であるロフタスは、とくに目撃証言を専門とし、目撃者の記憶がいかに不確かなもので容易に歪《ゆが》められるものであるかをさまざまな実験を駆使して証明してきた。

しかし、冤罪事件を防ぐには、記憶がちょっとしたことで歪むということを示すだけでは不十分で、まったくの偽の記憶を植えつけるのが可能であることを証明しなければならないと気づいたのだった。それが一九九〇年のことだった。

偽の記憶は、心理療法を通して植えつけられた

実際、一九八〇年代後半から九〇年代のアメリカでは、子どもが蘇らせた被虐待経験の記憶をもとに親を訴えて、裁判の結果その被虐待記憶が捏造されたものであることが判明するといった事件が次々に起こっていた。

ある女性は、一九八六年に精神科医の治療を受けたが、そこですさまじい被虐待経験の記憶を蘇らせることになった。子ども時代に悪魔儀式に加わり、なんと赤ん坊をむさぼり、性的暴行を受け、動物と性交し、友だちが殺されるのを無理やり見せられたというのだ。この恐るべき出来事の記憶が長年にわたり抑圧されてきたと、その女性は信じ込むよ

うになっていた。

その女性はまた一二〇以上もの数にのぼる人格を持つ解離性同一性障害と診断されていたが、このような深刻な人格解離が生じたのは、子ども時代に激しい性的および身体的な虐待を受けたためであると精神科医から説明された。

これが本当だとすると、あまりにすさまじい虐待であるが、その後の調べにより、この精神科医が子ども時代に虐待を受けたという偽りの記憶を想起するように誘導したことが判明した。その女性は精神科医を告発し、裁判の末一九九七年に二四〇万ドルで示談が成立した。

別の女性は、教会のカウンセラーに心理療法を受け、七歳のころから一四歳のころまで、父親から定期的に性的な暴行を受け、母親までがときどき父親が自分を押さえ込むのを手伝ったという被虐待経験の記憶を蘇らせた。さらに、このカウンセラーの誘導が続いて、父親が自分を二度も妊娠させたことや、自分にハンガーをもたせて堕胎させたことまで思い出すことになった。

恐るべき被虐待経験であったが、後に医学的検査を受けた結果、その女性に妊娠歴などないことが判明した。その女性はカウンセラーを告発し、一九九六年に一〇〇万ドルで和解が成立した。

ここまで具体的かつ鮮明で生々しい記憶であっても、実はそれが偽物であり、そのような偽の記憶を、心理療法を通して植えつけることができるとは、にわかには信じがたいことである。だが、これらは現実に起こった出来事なのである。

こんなことがあり得るなら、僕たちは人の話をどのように聞けばよいというのだろうか。人の話だけではない。自分自身の記憶をどこまで信じることができるのだろうか。自信をなくしていても仕方がない。まずは、僕たちの記憶の不確かさ、その揺らぎやすい性質についてもう少し見てから、まったくの偽りの記憶の植えつけがどのように可能なのかを検証していくことにしよう。

2　偽りの記憶の植えつけが可能なわけ

先にあげた驚くべき被虐待記憶の捏造事件についての記述を読んだとき、とても信じられない思いだった。だが、科学雑誌に掲載された論文に書いてあるのだし、その著者はあの有名な心理学者ロフタスである。信じないわけにはいかない。

その後、この種の事例について調べたところ、著しい数に上ることが確認できた。

僕たちは普段、自分の記憶を前提にして生きている。友だちと関わる際も、その友だちとの関わりの記憶に基づいて声をかけ、語り合う。仕事相手と会った際も、その仕事相手とのやりとりについての記憶に基づいてやりとりを行なう。ほぼ自動的に自分の記憶を指針として僕たちは行動している。

自分自身の記憶がもし間違っていたとしたら、そうした前提が崩れてしまう。そうかといって、自分の記憶をいちいち疑いチェックするなどということをしていたら、目の前の日常生活をこなしていけない。さてどうしたらよいのかと途方に暮れても仕方がない。もし、本当にこのような記憶の捏造が現実に起こっているとしたら、どのような条件のもとで、どのような記憶の捏造が起こり得るのかを知っておくことが重要であろう。

記憶の捏造はこうして起こる

ここでは、信憑性の高い事例として、有名な心理学者自身が経験した記憶の捏造について見ておくことにしたい。これは人為的になされた記憶の捏造実験ではなく、日常生活の中で偶然生じた記憶の捏造の事例である。

まずは認知発達の研究で知られている発達心理学者ピアジェ自身の事例である。ピアジェは自身が二歳のときのこととして、次のような出来事を記憶していた。

それは、ピアジェがベビーシッターの押す乳母車に乗せられてシャンゼリゼ通りを散歩しているときに、一人の男に誘拐されそうになったという記憶であった。誘拐犯の男と乳母車に座るピアジェとの間にベビーシッターが立ちはだかってくれたおかげで、誘拐を免れた。そのとき、ベビーシッターは何カ所かひっかき傷をつくり、ピアジェも彼女の顔の傷をおぼろげながら記憶していた。

このような記憶を、ピアジェは一五歳になるまで信じ込んでおり、振り返ればそのときの光景をはっきり思い浮かべることができた。ところが、一五歳のときに、そのベビーシッターからピアジェの両親宛に告白と謝罪の手紙がきた。ピアジェが二歳のときの誘拐未遂事件は実は彼女の作り話だったというのだ。そして、そのときにピアジェの両親からご褒美にもらった時計を送り返してきた。

そのベビーシッターは、手柄を立ててご褒美がほしいために、誘拐犯からピアジェを守ったという作り話をピアジェの両親に語ったのだった。その話をその後おそらく両親から繰り返し聞かされたピアジェは、そのエピソードを自分自身の体験記憶として取り込んでいったのだ。話を聞きながら、その場面の光景を思い浮かべる。それを繰り返すうちに、あたかも自分自身がその場で目撃したものであるかのようにその光景が思い浮かぶようになる。いつのまにか、ベビーシッターの活躍する姿も、彼女の顔の名誉の傷までも、ごく自然に思い浮かべるようになっていた。

そもそも僕たちは二歳のころのことなどほとんど記憶していない。おおよそ三歳くらいまでは記憶を遡《さかのぼ》ることはできても、三歳以前のことはほとんど思い出せない。でも、三歳以前のエピソードを覚えているというのは珍しいことではない。そこで考えられるのは、両親やきょうだい、祖父母、親戚などとの語り合いの場で、

「あなたが二歳のころにこんなことがあったのよ」

「猫とにらめっこして、だんだん表情が歪んできてついに泣き出した。そのときの様子が今でも目に浮かぶよ」

などといったエピソードをめぐる会話が繰り返しなされることで、そうしたエピソードが自分自身の記憶として取り込まれていく、といったことが起こっているのではないかということである。

自分の体験ではないものが記憶の中に取り込まれる

そうなると、僕たちが自分自身で経験したことだと思い込んでいる記憶の中にも、実は両親をはじめとする身近な人たちの経験を取り込んだもので、自分自身では経験していないことがらが結構含まれているのかもしれない。

自分の例で恐縮だが、僕は人並み外れた頑張り屋だと自分でも思っているし、必死に頑張ったエピソードには事欠かない。その中に子ども時代のエピソードも多く含まれている。

たとえば、幼稚園の運動会の駆けっこで、途中転んで膝を擦《す》りむいて血を流しながらも、泣かずに必死の形相《ぎようそう》で走り続けて、前を行く子を抜いていったというエピソードがある。

ところが、こうした事実を一つ一つチェックしてみると、ちょっと疑わしいのだ。

まずは、

「血を流しながらも」

という箇所だが、走っている自分には膝から血が流れるのを見る余裕はないと思われる。

さらには、

「泣かずに必死の形相で」

というのはどう見ても外在的視点、つまり、こちらを眺める他者の視点でとらえられたものと言わざるをえない。自分で自分の表情を見ることなどできないのだから。

こうしてみると、このエピソードは、運動会を見に来ていた両親や、一緒にいた友だちの親たちとの間で、その後に交わされた会話をもとに取り込まれた記憶である可能性が大きいということになる。

トラウマの記憶でさえ書き換えられる

次にあげるのは、目撃証言や記憶の捏造の研究で知られる認知心理学者ロフタス自身の事例である。

ロフタスによれば、彼女の父親は情の乏しい理詰めの冷徹な人物であり、母親は反対に情緒豊かだがうつ傾向の強い人物だったそうである。その母親のうつ症状はしだいに深刻となり、お母さんの具合はよくない、もうよくならないだろうなどと父親が言うほどであった。そして、ロフタスが一四歳の夏、母親は親戚の家のプールで溺死した。まだ少女だったロフタスは、ショックのあまりヒステリー状態で叫び続けたという。父親は自殺だったと信じていたそうである。

このような衝撃的な出来事、いわゆるトラウマ記憶でさえも、何らかの操作が加わることで実際に書き換えられてしまうのである。

その事件のとき、ロフタスは母親とおばと一緒におじの家に遊びに行っていた。母親がプールで溺死しているのを発見したのはおばだった。それを知らされたロフタスは混乱し、叫び続けたのだった。

それから三〇年経ったあるとき、親戚の人との間でその事件が話題に上った際に、母親がプールで溺死しているのを発見したのはロフタスだと言われた。

ロフタスは、そんなことはない、おばさんが見つけたのだ、自分はまだ寝ているときだったと反論した。

ところが、その親戚の人の話を聞いてから、ロフタス自身の記憶が変容しはじめた。

「まぶたの裏には、濃い髪のやせた女の子が見えて、青白くゆらめいているプールをのぞきこんでいる。ネグリジェ姿の母が、うつぶせになって水に漂っている。『お母さん、お母さん』と何度か呼んだ。心配になってますます大きな声で。とうとう私は悲鳴をあげた。パトカー、点滅するランプ、担架が目に浮かぶ。担架には、死体をおおう真っ白なシーツがかぶせてあった」（ロフタスとケッチャム　仲真紀子訳『抑圧された記憶の神話―偽りの性的虐待の記憶をめぐって』誠信書房　2000　より）

それから三日間、記憶はますます増殖していった。そこに親戚の人から電話があり、母親の溺死体を発見したのはロフタスだというのは思い違いで、発見したのはやっぱりおばだったと言われたそうだ。

記憶は巧妙に変容していく

人騒がせな話だ。だが、それだけで片づけることのできない重要な示唆が含まれるエピソードでもある。幼児期のあやふやな記憶の話ではなく、一四歳といえばしっかりと自分をもって生きている思春期の子の記憶である。しかも、母親の突然の溺死という衝撃的な出来事の記憶である。鮮明に焼き付けられているはずで、そう簡単に書き換えることのできる記憶とは思えない。それにもかかわらず、親戚の人の話を聞いてから、ロフタスの記憶は変容しはじめたのである。自分は目撃していなかったのに、発見時の光景が思い浮かぶまでになってしまったのだ。

ピアジェの事例やロフタスの事例を読んで思うのは、記憶の捏造には実際の経験の断片が素材としてうまく組み込まれているということだ。

ピアジェの事例では、シャンゼリゼ通りを乳母車で散歩するというのは日常的に繰り返された出来事であった。散歩の途中、誰か男の人に出会って、ベビーシッターが乳母車の前に出て話すということがあった可能性は十分ある。ベビーシッターの顔に傷かできものを見ることもあったかもしれない。ベビーシッターや両親の語るエピソードにふさわしい素材を日常記憶の中から拾い出すことで、記憶の捏造が進行していく。

ロフタスの事例でも、青白くゆらめいているプールは何度も見ているはずだ。

「お母さん、お母さん」

と繰り返し呼んだり、悲鳴をあげたりしたのは、お母さんの死を知らされたときに実際にロフタス自身が示した反応に違いない。パトカー、点滅するランプ、担架、死体をおおう真っ白なシーツも、そのとき実際にロフタスが目撃した光景だったはずである。

このような現実に経験した素材をちりばめつつ、その合間に想像力によってつくりあげられた偽の記憶素材が埋め込まれていくといった形で、記憶の捏造が巧妙に行なわれていくのである。

3　記憶の植えつけは実験できる

いわれなき虐待を理由に娘から訴えられている父親の冤罪を晴らすことができず、敗北感に打ちひしがれたロフタスが、冤罪を防ぐには現実には起こっていない出来事に関する偽の記憶を植えつけるのが可能であることを証明しなければならないと気づいたことはすでに述べた。

記憶が歪むことではなく、記憶が捏造されることを証明しなければならない。そこで計画されたのがショッピングモール実験であった。

ショッピングモール実験が教えてくれること

ショッピングモール実験とは、次のようなものだ。

実験に協力してくれる人を募集する。実験協力者が決まったら、それぞれの家族から、当人が子どものころに経験している出来事を三つあげてもらい、それぞれの出来事を物語る一段落程度の簡単なエピソードを作文してもらう。この三つのほんとうに経験しているエピソードの他に、実際には実験協力者が経験していない出来事を一つ用意してある。それは、ショッピングモールで迷子になったという偽のエピソードであり、それを物語る作文は実験者が作成した。

それは、五歳のころ、ショッピングモールで迷子になり、泣いているところを老人に保護されて、なんとか家族と再会することができたというストーリーだった。信憑性を高めるために、その当時買い物によく出かけたショッピングモールを家族から教えてもらい、そこで迷子になったことにした。

なお、ショッピングモールでの迷子を実験協力者たちが実際に経験していないことは、それぞれの家族に事前に確認しておいた。そして、実験協力者一人ひとりと個別に面接し、子どものころの四つのエピソードについての作文を一つずつ読み上げ、それについて思い出すことを記入するように求めた。

すでに予備テストの段階で、驚くべき記憶の捏造がごく自然に行なわれるのを目《ま》の当たりにすることとなった。ロフタスは、予備テストとして、学生たちに自分のきょうだいにこの実験をするように求めた。

学生の一人が一四歳の弟に実験を行なったところ、その弟に記憶を植えつけることに見事に成功した。その学生は、四つの出来事について思い出したことを毎日日記に書くように弟に頼んだ。新しく思い出したことがなければ、思い出せないと書くように言った。

日記を見ると、記憶の植えつけ実験から二日目には、

「その日、僕はほんとうに怖くて、もう家族には会えないかもしれないと思った。困ったことになったと思った」（以下、ロフタスとケッチャム　前出書より）

と記されていた。

三日目には、

「母さんがもう二度と迷子になんかなっちゃだめよと言ったのを思い出した」

と記されていた。

四日目には、

「おじいさんのフランネルのシャツを思い出した」

と記されていた。

数週間後に学生が弟に面接をするまでに、植えつけられた偽の記憶はみるみる増殖していたことがわかった。弟は次のように語った。

「家族とほんのしばらく一緒にいた後、僕はおもちゃ屋、ＫＢトーイズを見に行って、そ

れから、うーんと、迷子になったんだと思う。それで皆を探し回って『ああ、困ったことになった』と思ったんだ。それから僕……僕はもう家族には会えないかもしれないと思った。ほんとうに怖かった。そんなことをしていたら、おじいさんが近づいてきたんだ。青いフランネルのシャツを着ていたと思う。……すごい年寄りという感じじゃなかったんだけど、頭のてっぺんが少し禿《は》げていて……灰色の毛が輪のようになっているんだ。……それに、眼鏡をかけていた」

現実には経験していないことなのに、経験していると思い込まされることで、これほどまでに具体的に詳細を思い出してしまうのである。いや、思い出すのではなく、記憶を偽造してしまうのである。驚くべき成果と言うほかない。

最後に学生がその弟に、これら四つの出来事のうち一つは偽物だ、実際には起こらなかったことなのだと伝え、それはどれだと思うかと聞くと、弟は実際にあった出来事の一つを選んだ。

その後、ショッピングセンターでの迷子事件が実際にはなかった偽の出来事だと教えると、弟は驚き、とても信じられないという様子だった。そして、

「ほんとう？　ええ、そんな……だって僕はてっきり……僕は迷子になって皆を探し回っ

たのを覚えているもの……ちゃんと覚えているんだから……そして泣いていたら母さんが来て『どこにいたの？　もう絶対に迷子になんかなっちゃだめよ！』と言ったんだ」

と言い張るのだった。偽の記憶の植えつけはまさに大成功だった。

記憶の植えつけは成功したのか

一八～五三歳の二四人に対して行なった本実験の結果は、およそ次のようなものだった。

実際に経験している三つの出来事については、六八パーセントがすぐに何らかのことを思い出した。これに対して、偽の経験については、二九パーセントがすぐにその一部または全体を思い出した。続く二回の面接でも、二五パーセントが偽の経験を覚えているとして何らかの記憶内容を思い出したのだった。これら二五～三〇パーセントの人たちに関しては、迷子になっているときの恐怖心を思い出したり、母親からあとで注意を受けたことを思い出したり、助けてくれた老人の容姿・容貌や服装を思い出したりといったことが起こったのである。

その人たちは、実験後、このショッピングモールでの迷子のエピソードだけは実際にはなかった架空の出来事だったと告げられたとき、大いに驚き、ショックを隠せない人もいたという。三～四人に一人に対して、偽の記憶の植えつけが見事に成功したのであった。ただし、この二五～三〇パーセントという数字をどう評価すべきかは、専門家の間でも意見の分かれるところである。

親によって虐待を受けた子どもを支援する精神科医ハーマンは、虚偽の被虐待記憶によって子どもに訴えられている親を支援するロフタスとは真っ向から対立する立場にある。ハーマンは、この偽の記憶を植えつける実験の結果について、これは見事にロフタスが言おうとしていることの正反対のことを明らかにしているという。

どういうことかというと、ロフタスは人の記憶があてにならないことを証明したつもりのようだが、七五パーセントが架空の出来事についてはは話をつくらなかったのだから、人の記憶が信頼できることを証明しているというのだ。

二五パーセントが偽の記憶を植えつけられたという点に着目するか、それとも七五パーセントが偽の記憶の植えつけに引っかからなかったという点に着目するかの違いである。それによって、実験の評価は正反対のものとなる。同じデータをもとに、記憶の植えつけが成功だったとも言えるし、失敗だったとも言えるわけだ。

記憶の植えつけ実験の意義

これに似た例をあげてみよう。新聞に世論調査の結果が掲載されることがあるが、その解説を読むと、しばしばどちらともとれるデータを、よくもこう都合よく解釈するものだと呆れることがある。たとえば、四〇パーセントが賛成、三五パーセントが反対、どちらとも言えないが二五パーセントというデータがあるとする。

これに関して、

「半数近くが賛成であった」

とか、

「賛成が反対を上回った」

などと賛成寄りのコメントをすることもできる。

逆に、

「賛成する者は五割を大きく下回った」

といったように、反対寄りのコメントをすることもできる。

さらには、

「わずか五ポイント差で賛成と反対がほぼ拮抗していた」

と中立的なコメントをすることもできる。

そもそもどんな調査や実験でも、データそのものに意味があるのではない。「データに語らせる」などという言い方があるが、正しくは「データを利用して語る」であろう。データを使う者が自分に都合よくそれに意味をもたせるのである。主張したい方向に合わせて、データをどうとでも利用できるというわけだ。

さて、右にみたロフタスのショッピングモール実験から得られたデータに関しては、確かに二五パーセントという比率は低いと言えるかもしれない。ハーマンの言うように、過半数の人は引っかかっていないじゃないかと言うこともできるかもしれない。しかし、実際に経験していなかった出来事に関しては、その具体的詳細を思い出す人がいること自体が、本来あってはならないことなのである。

その意味からすると、二五パーセントと七五パーセントの大小を比較するのではなく、〇パーセントであるはずの数値が二五パーセントであることに意味をもたせるべきであると僕は思う。実際に経験していない出来事に関してさえも、二五パーセントもの人が誘導されて経験したと思い込み、想像力によって具体的詳細まで思い出してしまったというところに、この実験の大きな意味があると言ってよいだろう。

記憶と想像の間には明確な境界線は引けない

その後行なわれた実験からも、偽の記憶の植えつけが可能であることが証明されている。たとえば、ハイマンたちによるおもしろい実験がある。

ロフタスと同様に、両親にあげてもらった子ども時代に実際に起きた出来事に、架空の出来事を一つ加えて提示し、それぞれについて思い出すことをあげてもらうというものである。ハイマンたちは、次にあげるような二つの実験結果を報告している。

第一の実験では、高熱と耳の感染症の疑いでひと晩入院したというエピソードと、ピザや道化師が出てくる誕生パーティのエピソードの二つが、架空の出来事として用いられた。どちらも五歳のころに起こったことだと説明された。このうちのどちらか一つが、ほんとうに起きたエピソードに加えて提示され、それぞれについて思い出すことを報告するよう求められた。

想起実験の結果を見ると、実際にあった出来事については、最初の面接で、その八四パーセントに関して、何らかの具体的なことがらが思い出され、報告された。これに対して、架空の出来事については、最初の面接では、だれも何ひとつ思い出すことができなかった。

ところが、二回目の面接になると、架空の出来事についても、二〇パーセントが何らかのことを思い出したのである。たとえば、誕生パーティのエピソードについて、ある学生は、

「マクドナルドでピエロが入ってきて、私たちは小さなカップケーキを食べました。一三～一四人がテーブルの周りに座ってピザを食べました」

というように具体的な情景を思い出した。

救急病院に収容されたというエピソードについても、ある学生は、医師が男性であったこと、看護師が女性であったこと、教会の友人が見舞いに来たことなどを思い出したのだった。

第二の実験では、次の三つのエピソードが、架空の出来事として用いられた。

・結婚式のパーティで、パンチボウルをひっくり返して、花嫁の両親にパンチ（ジュース）をひっかけてしまったというエピソード

・スーパーマーケットで、天井についている消火用スプリンクラーが誤作動し、慌てて逃げたというエピソード

・駐車場の車の中に置き去りにされているときに、パーキング・ブレーキを解除してし

まい、車が動いて何かに突っ込んだというエピソード

想起実験の結果では、やはり最初の面接では、架空の出来事について何かを思い出したという者は皆無だった。

しかし、二回目の面接では一八パーセントが何らかの具体的なことがらを思い出し、三回目の面接になると二五パーセントが具体的なことがらを思い出したのだった。

たとえば、ある学生は、

「スポケーンに住んでいる親友のお兄さんの結婚式で、野外の結婚式で、暑かったから夏か春のことだったと思います。自分たちは走り回っていて、パンチボウルのようなものにぶつかって、ひっくり返して台無しにしてしまったのです。もちろん、ひどく怒られました」

のように、かなり具体的かつ鮮明にその出来事を描写した。

このような一連の記憶を植えつける実験の結果から、エピソードの内容に関係なく、四人に一人程度がいとも簡単に引っかかり、実際には経験していない出来事をあたかも経験したかのように思い込み、その出来事について具体的な描写さえ行なうことがわかった。

経験していない出来事について、さすがに最初は何も思い出せなくても、面接を重ねるう

ちにしだいに何らかのことを思い出す人が出てくるということもわかった。

僕たちの記憶と想像との間に、明確な境界線を引くのは非常に難しいことなのかもしれない。

第2章　記憶は無意識のうちに書き換えられてしまう

1　なぜ、虚偽の自白をしてしまうのか

序章でも触れたが、ある幼児殺害事件に関して、弁護側の再鑑定要求がようやく受け入れられ、ＤＮＡ型鑑定を一七年ぶりにやり直したら、被害児の衣服に残された体液のＤＮＡ型が有罪判決を受けて服役中の受刑者のＤＮＡ型と一致しなかったとして、再審が行なわれることになった。これで、冤罪の様相が濃厚となったといえる。

冤罪につきものの虚偽の自白。

いったいなぜ自分がやってもいない犯行を、やったなどと言ってしまうのか。しかも犯行の動機や手口までも供述してしまうのである。

多くの冤罪事件に共通にみられるのは、

「自分がやったと認めないかぎり先に進まない、帰してもらえないと思った」

「いくら否定してもわかってもらえない、もうどうでもいいと思った」

のように、早く解放されたい気持ちや諦めの気持ちから虚偽の自白をしてしまうといった流れだ。

だが、一時的な感情に流されて虚偽の自白をしてしまったら、当然帰してなどもらえないし、さらに過酷な日々が待っているのである。

この受刑者の場合も、いくら犯行を否定しても聞き入れてもらえず、ＤＮＡ鑑定の結果まで持ち出されて、

「お前がやったんだ」

「早く話して楽になれ」

と責め続けられ、心細くなり、どうにもならない気持になって、

「やりました」

と言ってしまったという。

そうしなければ取り調べが先に進まず、休むことも眠ることも許されずに責め続けられるのである。

いったん自白すると、次には犯行の手口や状況、動機などを説明していかねばならない。そんなことまで話すことができたのだから、犯人に違いないと素人なら思いがちだが、一概にそうとも言えないのだ。取り調べにおいて、アリバイを問われ、自白を強いられる問答の中に、犯行の手口や状況がほのめかされることがあるからだ。

「そこにいたのではないか」

と言われれば、

「そこで犯行が行なわれたのか」

とわかる。

「こんなふうにやったんじゃないのか」

と言われれば、

「こんなふうにやったのか」

と見当がつく。

さらには、報道されるような事件であれば、新聞やテレビのニュースで得た情報もあるだろうし、直接見なくても人づてに伝わってくる情報もあるだろう。そうした情報の断片を想像力でつなぎ合わせながら、やってもいない犯行の具体的な詳細を話していくことになる。

虚偽の自白は二転三転する

冤罪事件の自白の特徴として、犯行時に関する供述内容が二転三転するということがある。

いったんは犯行を認めたのだが、あとで冷静に考えたら、やっぱりやっていないのだから、

「自分はやっていない」

と自白を撤回したり、また責め立てられたりして、

「やっぱりやりました」

と認め、その後さらに、

「やっぱりやっていません」

と否定するというように、心の揺れに伴って供述が二転三転するのである。

また、犯行を認めるという立場を保ち続けるにしても、実際にはやっていないのだから、想像力で組み立てられた犯行に関する供述には、実際の状況や証拠に照らして矛盾する内容も含まれているはずである。

さらには、新たに得られた証拠や情報から供述に矛盾が生じることもある。そうした矛盾を解消するために、供述が二転三転していくこともある。

心理学者浜田寿美男《はまだすみお》は、殺人犯として一五年近くも拘置されていた男性への聞き取りを

行なっているが、その報告を見ると冤罪濃厚との感触である。

浜田とのやりとりに以下のような箇所があった（浜田寿美男『私のなかの他者―私の成り立ちとウソ』金子書房　1998　より）。

「うん、……なんだかやってねえみてえな感じだな」

「なんだかやってねえみてえな感じ？」

「うん、ほんとに、やってねえ、やってねえ。やってねえみたいな」

そうかと思えば、犯行を認めるようなことも言う。

「その、また、『ほんとうはやっちゃったかなあ』と思うこともある？」

「たまにはあるかわかんねえな」

「たまにある。『ほんとうはやっちゃった』って思うこともある？」

「たまにあるかな」

それでもやっぱり犯人じゃないとも言う。

「○○さんが犯人なの？　犯人じゃないの？」

「犯人じゃねえと思う」

「犯人じゃない。電気の柱のとこで女の子捕まえたのは誰？」

「ああ、そうか。……」

（中略）

「うーん。じゃあ、女の子を殺したのは？」

「僕じゃないと思うな」

ここには、自分が殺人をしたなどという実感はないし、

「自分は犯人じゃない」

と思っているのに、取り調べの中で言われてきたことからして、

「もしかしたら、自分がやっちゃったのかもしれない」

と思うこともある、この男性の心の揺れがうかがわれる。

虚偽の自白に追い込まれるタイプとは

こんなことがほんとうにあるのだろうかと訝《いぶか》しく思う人もいるだろう。

この男性は、たまたま知的障害者だったから、自分の置かれた状況をうまく言語化できないところがあるのは事実であろう。だが、現実の裁判の歴史をみると、とくに知的障害をもたない多くの人たちが、虚偽の自白に追い込まれているのである。

そこで、浜田は、嘘の自白に追い込まれる場合として、次の二つのタイプをあげている。

①自分がやっていないことは自分のなかではっきりしているのだが、いつ終わるともしれぬ拘束下の取り調べに耐えられなくて、意識的に「犯人になる」場合

②追及を受け、自分なりの弁解を重ねているうちに、自分の記憶そのものに自信がもてなくなって、ひょっとして自分がやったのかもしれないと思いはじめ、抵抗線を失って「犯人になる」場合

この①のタイプは最もよく見られる典型的なものである。この章の冒頭にあげた例もこのタイプである。

②は言ってみれば、加害記憶の植えつけが進行しているケースである。浜田は②の例として、酒を飲んだときのことを翌日まったく覚えていないということが、これまでにもあったんじゃないかと指摘され、

「ひょっとして自分がやっているのに忘れているのではないか」

と思いはじめて、とうとう自白に追い込まれたケースや、母親がかつて記憶喪失になった事実を知った捜査官から、

「お前はその母親の血を引いているんだ」

　と追及され、

「自分もひょっとして」

　と思いはじめて自白に至ったケースをあげている。
　①の場合、②のように自分の記憶に自信がなくなった場合と違って、自分はやっていないという意識が明確にあるのに、犯行を認めたりするものだろうかと思われるかもしれない。
　しかし、自分がその立場に置かれた場合を想像してみよう。取調室に閉じこめられ、刑事から何時間にもわたって、

「お前がやったんだろう」

「証拠はあがっているんだ」

「証言もある」

「早く認めて楽になれ」

　などと責め続けられ、いくら否定しても認めてもらえず、ひたすらしつこく自白を強要されるのである。

こちらの言葉も気持も通じない押し問答が延々と続き、一向に解放してくれる気配もない。このまま永遠にこうしたやりとりが続くような気持になる。疲労困憊《ひろうこんぱい》も極みに達し、横になりたい、眠りたいと思うのだが、そんな気持に関係なく厳しい追及が続く。もうい い加減に解放してほしい、ゆっくり休みたい、もう限界だといった思いが込み上げる。言いようのない無力感に襲われ、もうどうにでもなれといった投げやりな気持も加わって、とうとう、

「私がやりました」

と言ってしまう。こうした流れにあくまでも抵抗し続ける自信が、あなたにはあるだろうか。

「ひょっとして自分が」という不安

②のようなことは滅多に起こるものではないだろう。最初はそのように思った。ところが、実際にあった事例を読んでいるうちに、「滅多にないだろう」という気持が「あってほしくない」という気持に変わっていった。

実のところ、現実にあってもおかしくないなあと思いはじめたのだ。被暗示性の強い

人、人から強く言われると「そうなのかもしれない」と思いがちな人、記憶力に自信のない人などは、②のような状況に置かれると、抵抗力を保ち続けるのは難しいに違いない。

ましてや深酒して記憶を失った経験のある人や酒癖の悪い人などは、「ひょっとして自分が」という気持になってもおかしくない。とくにアルコールに依存している人でなくても、うっかり飲み過ぎて吐くほど酔ってしまった経験の一つや二つはあるのではないか。

そんなときの記憶は、まったく空白ということはないにしても、薄ぼんやりしているものである。運悪く酔っぱらっていた時間に犯行が行なわれていたりすると、抵抗線を突破される危険性が高まる。いったん犯行を認めてしまうと、犯行の詳細の供述を求められることになる。取調官の言葉をヒントに、記憶の薄ぼんやりした部分に、犯行ストーリーの素材がちりばめられていく。それを、辻褄を合わせながら語っているうちに、犯行ストーリーに沿った記憶が定着していくのである。

2　記憶は時間とともに忘れ去られるもの

記憶は時とともに薄れていく。うっかり忘れてはならない事柄はメモをしておく必要がある。そのときは忘れるはずないと思っても、後になると結構記憶からこぼれ落ちることが多いものだ。僕はかなり無精なので、メモを怠ることによる失敗は日常茶飯事だ。

たとえば、つい最近もこんなミスをした。

電話の相手から聞いた人の名前をメモしなくちゃと思いつつも、この名前はまず忘れないから大丈夫と思って、そのままにしてしまった。最近は携帯電話を使うことが多く、歩きながら話したりするので、つい面倒くさくなるのだ。そのときも歩きながらだった。電車に乗り、しばらくして席が空いたので座り、やれやれといった思いで膝の上に載せた鞄を開いて本を読もうとしたとき、

「そういえば、忘れないうちにさっきの用件をメモしておかないと」

と思いたち、手帳とペンを鞄から取り出した。メモの構えを整えたのだが、指が動かない。今晩連絡すべき担当者の名前を思い出せないのだ。

まず忘れない名前だと思ったのはしっかりと覚えている。だが、なぜそう思ったのかがわからない。非常に身近な名前だったのかもしれないと思いつつ、いくら考えても思い出さない。もしかしたらとても珍しい名前だったのかもしれないと思って考え直しても、結果は同じだった。

記憶にはこのように頼りないところがある。ちょっと前のことでさえ、こんな具合である。ましてやずっと前の記憶となると、どこまで信用してよいものか、わからなくなることがある。

記憶は書き換えられる

学生時代の友だちと学生のころのことを懐かしく話しているとき、こんなことがあった。目の前の二人については、ともに当時マスコミ関係の会社訪問をしていたのを記憶している。C君は、新聞社でアルバイトをしており、そのつてで出版社をいくつか紹介してもらい、会社回りをしていたが、結局まったく違う業界に就職した。D君は、C君とともに出版社や新聞社を一緒に訪問していたが、途中でC君が金融関係に決まったため、その後はD君だけマスコミ関係を訪問し、結局ある出版社に就職した。それから二〇年以上経って三人で当時を思い出しながら話したときのことだ。

そのときD君は、もともと自分はマスコミ志望ではなかったが、C君からマスコミの魅力についての話を聞いたり、C君につきあって出版社や新聞社を訪問していたりするうちにマスコミもいいなと思うようになったのだと言う。ところがC君は、自分はたまたま先輩に誘われて新聞社でアルバイトをしていただけでとくにマスコミ志望ではなかったが、D君からアルバイト先の新聞社の人からマスコミ関係を紹介してもらえないかと言われたから、いくつかD君と一緒に訪問したけど、やっぱり興味がもてなくて金融関係に絞ったのだと言う。

結局、いくら話しても二人の記憶は食い違ったままで、その溝は埋まらなかった。C君は、自分は元々マスコミには興味なかったと言い、D君はC君がマスコミ志望だった影響で自分はマスコミに行くことになったのだと言う。金融関係にずっと勤めているC君が、自分がかつてマスコミ志望だったことを忘れてしまったのか、C君が新聞社でアルバイトをしていたことからD君が勝手にC君はマスコミ志望だとずっと思い込んでいたのか。

記憶には今の自分の状況が影響する

この話自体はどうでもいいことなのだが、ここには記憶の揺らぎに関わる二つの法則が作用している可能性があるという意味で、印象に残るエピソードとなった。

法則の一つは、記憶には今自分が置かれている状況に合わせて書き換えられる習性があるというものである。たとえば、アメリカで行なわれた調査にこんなものがある。

四年の間隔をおいて同じ人々を対象に実施された二回の政治意識調査結果を比較して、支持政党が変わった人たちを抽出した。その人たちに、四年前と支持政党が変わったかどうかを尋ねたところ、なんとそのうちの九割もの人たちが、

「自分は支持政党を変えていない」

と答えたのだ。

これは驚くべき数字と言える。ちょっとした勘違いでは済まされない、意味のある数字として解釈する必要があるだろう。ここで重要なのは、僕たちは、自分は一貫した態度の持ち主だと思いたいという、いわばアイデンティティ保持の欲求を強くもっているということだ。

つまり、自分は信念が安易にぐらつくようないい加減な人間ではないといった思いが、こうした記憶の歪みをもたらすものと考えられる。そうした記憶の自己防衛機能のおかげで、たとえ支持政党が変わっても、記憶の中では、自分はずっと前から、今支持している政党を支持していたと思い込むことができるのであろう。

想像し、イメージしたことが記憶に紛れ込む

もう一つの法則は、想像しイメージしたことが、時を経るにつれて現実に経験した出来事の記憶の中に紛れ込んでいくというものである。これに関しては、ロフタスが、出来事をイメージすることで、それが実際に起こったものであるかのような勘違いが生じることを示す実験を行なっている。

そこでは、子ども時代に起こりがちな出来事を四〇個並べたリストが提示され、その一つ一つに対して、自分の子どものころに経験した出来事である可能性を答えさせている。二週間後に再び来てもらい、半数にはある課題を与えた。それは、各自が前回自分の子どものころには経験していないと答えた出来事をいくつか実験者が選んでおき、それらの出来事が起こっている光景をイメージするように求めたのである。

その後で、前回と同じ四〇個の出来事のリストを見せて、個々の出来事が自分の子ども時代に起こったものである可能性を答えさせた。残りの半数は、イメージ課題はせずに、いきなり前回と同じリストを見せられ、個々の出来事が自分の子ども時代に起こったものである可能性を答えさせられた。

その結果、イメージすることで、その出来事が自分自身の経験の中に取り込まれていく

ことが証明された。

たとえば、

「窓ガラスを割った」

という出来事をイメージした人たちの二四パーセントが、その出来事が自分の子ども時代に実際に起こったとの確信を強めた。イメージするように求められなかった人たちでは、そのような確信を強めたのは一二パーセントにすぎなかった。

「一〇ドルを拾った」

「散髪で失敗した」

「賞品にペットをもらった」

「救急車を呼んだ」

などといった出来事についても、同様の傾向が見られた。どんな出来事に関しても、イメージした人たちとイメージしなかった人たちとでは、それが自分の子ども時代に起こったものであるとの確信を強めた者の比率に大きな差が見られた。

この実験によって、イメージすることの効果が実証された。つまり、実際には経験していない出来事をイメージすることによって、その出来事が実際に自分の人生史に起こったものであるかのような錯覚が生じることが明らかになったのである。

話しているうちに本人自身もだまされていく

僕の経験だが、幼稚園に講演に行ったときなど、ついでに園児と喋《しゃべ》っていると、とてもこの子が現実に経験しているとは思えないことを話すことがある。

「ほんとにそんなことがあったの？」

とびっくりしたように問うと、

「ほんとだよ、すごいでしょ！」

と得意げに鼻を膨《ふく》らます。

幼児はまだ魔術的思考の残る時期だから、現実と空想の境界がはっきりせず、大人からすると非現実的な枠組みで現実をとらえていることがある。だから幼児と話すのはおもしろい。自分自身の幼児期の記憶をたどってみても、現実と後日付け加えられた勝手なイメージの区別がつかず、神秘のベールに包まれている部分がある。

しかし、先ほどの実験からわかるように、現実感覚を十分身につけて現実社会を生きている大人でも、出来事を想像し、それが起こっている様子を具体的にイメージすることで、実際にその出来事を経験しているような気になってしまうのである。

世の中には、虚言癖があるのではないかと思われる人が必ずいるものだ。あまりに真実味のある話し方をするため、はじめのうちはすっかり信じてしまう。だが、他の人たちからの情報と照らし合わせてみると、どうもその人の話は怪しいと感じるようになる。そのうち、周囲の人はみな、

「あの人の話はいつも大げさだから」

とか、

「ハッタリとホラばかりだから、真に受ける人はいませんよ」

と言って、まともに取り合っていないということがわかってくる。

でも、本人は自分自身の言葉に酔っているのか、悪びれもせずに真顔で喋り続ける。もしかしたら、大げさに喋ったり、ホラを吹いたりしているうちに、本人のなかでイメージが膨れあがり、ほんとうのことを喋っているつもりになっているのかもしれない。いや、そうに違いない。

先の実験からすれば、嘘を繰り返しているうちに、そのイメージが実体験の記憶に入り込み、本人自身がだまされていく、つまり自分が実際に経験したような気になっていくと

いうことは十分起こり得ることであろう。

別の日の記憶の断片が混入する

このようにイメージを喚起することにより、偽の記憶を植えつけることができるということがわかったわけだが、その際知覚イメージが重要な鍵を握るようである。

ある心理実験では、仕組まれた事件の目撃者に対して、実際になかった出来事について思い出してもらうという作業を繰り返させた。その際に、実際になかった出来事についても、その光景を目の前で見ているかのように知覚的にイメージするように求めると、その後の想起実験ではっきりと思い出すようになったのだ。

知覚的イメージ作業を繰り返せば、その知覚イメージがたやすく湧いてくるようになる。つまりその出来事が起こっている光景がはっきりと思い浮かぶようになる。はっきり思い浮かぶということは、実際に自分が経験した出来事であるはずだ、といった推測が働くのもごく自然のことだろう。そこで、自分の本当の経験についての記憶だと信じてしまうというわけだ。

話を元に戻すと、幼児やホラ吹きに限らず、想像力を駆使してイメージするうちに、その想像上の経験と実際の経験を混同するということは、だれにでも起こり得ることなのだ。そのように、あとで思い起こす際に、実際の経験と想像上の経験の融合が生じるケースでは、馴染みの場所、習慣的行動、何度か経験していること、よくありがちなことなどが混入しているものだ。

自分がよく知っている場所、よく行く場所をあげて、

「あの日にあそこに行っただろう」

と強く言われると、最初のうちは、

「その日は行っていませんよ」

ときっぱり否定していても、繰り返し問われていくうちに、その場所のイメージが鮮明なだけに、もしかしたら行ったのかもしれないなというような気がしてきたりする。

「あの日に地下鉄に乗りませんでしたか」

などと聞かれ、はじめのうちは、

「その日は日曜だから、ずっと家でテレビを見ていて、地下鉄なんか乗っていませんよ」

と答えていても、

「あなたを地下鉄で見かけたという人がいるんですけどね」

などと迫られると、

「テレビを見た後、夕方買い物に行ったかもしれないな」

とふと思ったりするようになる。

そのようなケースでは、別の日の記憶の断片が混入してくると考えられる。冤罪を生む取り調べの場では、このようなことが起こっている可能性がある。だれかからしつこく責められて、自分の記憶についての確信が揺らいできたときは、別の日の記憶との混線が生じていないかどうか、慎重に検討してみないといけない。

3　自分の行動や気持すべてに明確な理由などない

普段とくに意識することはないけれども、僕たちは、

「自分を動かしているのは、紛れもなくこの自分だ」

という素朴な実感を持って暮らしている。

読者には、僕が何を言いたいのか、わかりにくいかもしれない。そこで、そうした素朴な前提が崩れた場合を想定してみよう。

たとえば、統合失調症の人の話には、自分が自分を動かしているという能動性の感覚、主体性の感覚の障害が見られることがある。

僕自身、統合失調症と思われる人と話しているとき、

「テレビ塔の電波が私を操作しているんです」

「テレビ塔の電波が強まると（もしかしたら「弱まると」だったかもしれない）、私はどうしたらよいかわからなくなって、調子が悪くなるんです」

と言われたことがある。電波に操縦されているというのだから、まるでロボットだ。ここには、能動感の欠如が如実に表われている。

精神科医レインは、統合失調症の患者について、人格的統一という感覚、自分が自分自身の行為の主体であってロボットや機械やモノではないのだという感覚、見えているものを知覚しているのは自分自身だという感覚を失っており、だれか他の人が自分の目や耳を使用していると感じたりするという指摘をしている。

まさに、自分自身の主体性の喪失である。

離人症（自分自身の心的活動や身体、あるいは外の世界の風景、モノ、人やできごとから疎隔されているように感じる意識障害）の人も同様に、自分を動かしているのは紛れもなく自分

自身だという能動性・主体性の感覚の揺らぎを経験するようである。

精神科医の木村敏は、離人症の典型的な症例として、

「何をしても自分がしているという感じがしない」

「物や景色を見ているとき、自分がそれを見ているのではなくて、物や景色のほうが私の眼の中に飛びこんできて、私を奪ってしまう」

といった訴えをあげているが、これも動いたり、見たりしている自分を動かしているのは紛れもなくこの自分だという感覚の欠如といえる。

そういえば、以前カウンセリングの場に、失恋をきっかけとして、世界がセピア色に色褪せてしまい、ただボーッと過ごしているだけで、何も手につかず、仕事に出ることもできないという、離人症に似た症状を呈した青年がやってきたことがあった。

彼は、対象喪失、つまり愛着の対象を突然失ったことのショックで、現実世界との疎隔感が生じたようだった。目の前の光景に現実感がなくて、幕の向こうの出来事のように遠く感じる。人と話していても、自分とは無関係に会話が進んでいるような変な感じになる。いつも楽しみに見ていたテレビをつけても、ストーリーに入り込めないからまったく楽しめない——このような訴えをしていたが、これは能動性の感覚の減退によって、現実

との生き生きした接触を保てなくなっているとみることができる。

「無意識のうちに」という呪文

これらの例のように、自分の能動性の感覚、主体性の感覚を失うと、現実生活に大いに支障をきたす。逆に言えば、僕たちは、

「自分を動かしているのは、紛れもなくこの自分だ」

という感覚を当たり前の前提とすることで、日常生活をふつうに続けることができているのである。

自分のとった行動について、人からその理由を聞かれて困るということは、だれでもときどき経験するだろう。なぜなら、自分を動かしているのが自分自身であるなら、自分の行動には自分自身の意図が働いていると思うのが自然だからだ。そこで僕たちは、何となくとった行動であっても、人からその理由を聞かれれば、無理やりのこじつけをしてでも説明しようとする。

カウンセリングの場においては、こうしたことは割と頻繁に起こっている。

たとえば、転職先を探していたある会社員は、なぜ今の会社が嫌なのかよくわからない

のだが、職場を替えたいのだと言っていた。親子関係の問題を抱えていたある若者は、親から言われると何でもつい反発してしまうのだが、どうしてそうなるのかがわからないと悩んでいた。ときどき家を飛び出したい衝動に駆《か》られる自分の気持がよくわからず不安だと相談に来た主婦もいた。

このように自分の行動や気持の意味がわからないというのは、何もカウンセリングなど深刻に悩む場に特有のものではない。むしゃくしゃする気持の理由がわからないとか、とりあえず選択したけどその理由を改めて考えてもよくわからないとか、何となく行動したあとでどうしてあんなことしたのだろうと戸惑うなど、だれもが日常的に経験していることではないだろうか。

僕自身、高校二年生の終わりごろまで文系志望だったのに、三年になるときに理系クラスに変更を希望して、

「なぜ突然文系から理系に変えたの？」

と親しい友だちから聞かれても、自分でもよくわからなかったので、うまく説明できなかった。

大学の三年になるときに、再度理系から文系に移ったときも同様であった。会社を辞め

て大学院に行こうと思い立ったときもそうだ。上司の人たちが親身になって慰留したり相談に乗ってくれたりするので、こちらもきちんと事情を説明しなければならなかったし、可能な限りそうしたつもりではある。でも、正直であろうとするほど、その説明は揺れ動いた。今振り返っても、ほんとうの理由が何だったのかよくわからないのだ。

僕たち人間にはそんなところがある。自分でも自分の行動の理由がよくわからないというようなことがある。

だからこそ、

「あなたは無意識のうちに、このような願望を抱いているのではないですか？」

「あなたの無意識層には、このような欲望が渦巻いています」

「あなたはこのような気持に駆られることはないですか？　それはあなたが無意識のうちに今の生活を捨てたいと思っているからです」

などのように言われると、

「もしかしたらそうなのかもしれない」

と思ってしまうのだ。

僕たちは、「無意識」という説明には、なかなか抵抗できないようだ。

うっかりミスには意味がある

人間の行動の背後には無意識的な意図が働いていることがあると言って、無意識の心理学を確立したのが、精神分析の創始者フロイトである。

しかし、当時のアカデミックな世界は、非常に権威主義的でフロイトのような革新的な説を認める雰囲気ではなかった。そこでフロイトがとった戦略は、本や講演で一般市民に無意識の心理学を広めていこうというものだった。そのために、日常生活でだれもがふつうに経験している身近な事例を用いて、無意識の心理過程を解き明かしていった。その典型が、錯誤行為の背後にある無意識の心理過程の解明だ。

錯誤行為とは、ちょっとした言い違い、書き違い、ど忘れなど、うっかりしたミスを指す。だれもがよく経験するものだが、とくに意味のないうっかりミスとして、さして気にもせずに忘れてしまう。

フロイトは、このような錯誤行為を三つのタイプに分類している。

第一のタイプは、言い違い、聞き違い、読み違い、書き違いなどである。手紙の宛名や住所をうっかり書き間違えたとか、人の名前を言い間違えたとか、このタイプのうっかりミスは日常生活でよく経験するものといえる。

第二のタイプは、一時的な忘却、いわゆるど忘れである。よく知っているはずの人の名前が思い出せないとか、後になれば容易に思い出すのだが、そのときはどうしても思い出せないなどというものである。

第三のタイプは、ある瞬間だけという条件のついていないど忘れである。どこかに大事にしまったのだがどこだったか思い出せないとか、家の中にあるはずなのだがどうしても見つからないなどといったものである。

このようなうっかりミスは、重大なミスというほどのものではないことが多く、その意味を気にとめることもなく、すぐに忘れてしまうのがふつうである。

それに対して、このようなうっかりミスにも何らかの無意識的な意図が働いていることが多いというのがフロイトの主張である。ふつう、こうしたうっかりミスは、疲労や興奮、緊張といった生理学的な要因のせいにされることが多いが、フロイトは、そこに心理学的な意味があると考えたのだ。

たとえば、うっかりして言おうとしたことと違う言葉がつい口から出てしまった場合、

「人前で話すのはどうも苦手で、緊張のあまり言い間違えてしまった」

とか、

「あまりに疲れていたせいか、心にもない言葉が口をついて出てしまった」

のように、生理的要因のせいにすることが多い。たしかに緊張や興奮、疲労といった生理的要因のためにうっかり間違えるということはあるだろう。そのことをフロイトは否定しているわけではない。

では、フロイトは何を問題にしたのかというと、生理的要因が背景にあって言い間違えたとしても、無数にある言葉の中で、なぜその言葉のところで間違えたのかという点だ。そして、代わりに口をついて出た言葉が、なぜこの言葉だったのかということだ。こうした疑問には、生理学的な説明で答えることはできない。

しかし、フロイトは、そこに本人も気づいていない隠された意図が働いていると考えたのである。これは、当時としては画期的なことだった。

生理学的な要因では説明がつかない心理的な意味

言い違いの例として、フロイトは以下のようなものをあげて、そこに作用している心理的な意味を解説している。

議長が、

「開会を宣言します」

と言うつもりで、うっかり、

「閉会を宣言します」

と言ってしまった。

この場合も、フロイトはうっかり言い間違えたのを単なる偶然の所産として通り過ぎることはしない。言い違いの内容をじっくり検討してみると、そこに意味があるとみなさざるを得ないことがあると考えるのだ。

この言い違いは、議会の形勢が議長にとって思わしくなく、義務だから開会宣言をしなければと思いつつも、早く終わらせてしまいたい、できることなら開会したくないといった思いがあり、一応開会宣言はしたものの言い間違えてしまったと解釈することができる。

議長の心の中には、会議を開かなければならないという意向と、開きたくないという意向の二つが同時に存在していた。こうした相矛盾する二つの意向が衝突し、干渉し合った結果、言い違いが生じたというわけである。

また、ドイツのある教授が就任講義の中で、

「私には尊敬する前任者の数々の業績について述べる資格はございません」

と言うつもりで、うっかり、

「私には尊敬する前任者の数々の業績について述べる気持はございません」

と言ってしまった。

「資格はない（nicht geeignet）」を「気持はない（nicht geneigt）」と言い間違えたわけだが、ドイツ語では綴りがとても似た単語であったことが、この言い違いに作用しているのは間違いないだろう。

でも、なぜこの言葉のところで間違えたのだろうか、似た単語は他にもあるのになぜ代わりに口をついて出たのがこの単語だったのだろうか。そう考えると、この教授が前任者の業績をあまり高く評価していなかったと推測せざるを得ない。

またある男性は、上司を祝うパーティの場で、祝辞を述べて乾杯の音頭をとる際に、

「健康を祈って乾杯しましょう」

と言うつもりで、うっかり、

「健康を祈ってゲップしましょう」

と言ってしまった。

日本語にすると、「まさか」と思ってしまうかもしれないが、ドイツ語の綴りを見ればわかるように、「乾杯する（anstossen）」と「ゲップする（aufstossen）」は非常に似ているのだ。

ここまで読んできた読者なら、この言い間違いの背後に潜む深層心理にも見当がつくかもしれない。つまり、この祝辞を述べた人が、その上司のことを尊敬すべき人物どころか軽蔑すべき人物だと内心は思っており、敬意を表すことへの心理的抵抗があったと推測できることがわかるだろう。

なぜ手紙はいつまで経《た》っても投函されないのか

もちろんフロイトは、すべての錯誤行為に隠された意味があると言っているわけではない。無意識的な意図を想定すると、その意味が理解できる錯誤行為もあるといっているだけである。人が言い間違いや書き違いをするたびに、その背後には敵意が潜んでいたとか、嫌々承諾したのだとか解釈していては、解釈する側がとても嫌らしい人物になってしまう。

あるとき、僕の授業を受けている学生が話しかけてきた。フロイトの無意識の心理学を学んで、とくに錯誤行為に興味を持って、僕から紹介された参考文献を読んでから、人の言動の裏を読み取ろうとするようになってしまって、人間関係が悪くなったと言う。年賀状の宛名のところの自分の名前の漢字の書き間違いを見つけては、そこに自分を軽んじる本音を感じたり、友だちが自分と遊ぶ約束をうっかり忘れていたりすると、本当は自分と遊びたくないんだと思ったりしているうちに、あらゆる人間関係がぎこちなくなってしまったというのだ。それは困ったと、僕は思いつく限りのアドバイスをしたのだが、彼のように単純な当てはめ方をするのは危険だ。

多くのうっかりミスは、ほんとうにうっかりミスなのだと思う。ただし、注意しなければならないのは、そこに否定的文脈が元々想定される場合や繰り返し起こる場合だ。

否定的文脈が元々想定される場合とは、先ほどの前教授と新教授や、上司と部下のケースなどだ。たとえば、上司と部下の間に日ごろから微妙な雰囲気を感じていたとしたら、こうした言い間違いの意味を考えることで、部下が実は不満をもっていたと見当をつけることができる。そこで、その不満に耳を傾けることで、関係改善に向けての調整ができ、より深刻な関係の悪化を未然に防ぐことができる。

錯誤行為が繰り返し起こる場合は、単なる偶然として片づけるわけにはいかない。そこには隠された意図があることを想定して、その錯誤行為の深層心理を探ってみる価値があるはずだ。それが相手の行為なら相手の深層心理を、自分の行為なら自分自身の深層心理を掘り起こすことにもなる。

フロイトは、度重なる錯誤行為として、手紙の投函ミスの事例を紹介している。

それは、ある人が手紙を投函しなければと思いつつ、数日間ついつい机の上に置きっぱなしにしてしまった。数日後にようやく投函したものの、うっかり宛名を書き忘れており、戻ってきた。宛名を書いて郵便局に持って行ったところ、今度は切手を貼り忘れていた。ここまでいくと、その人がその手紙を出したくないのは明らかだろうというのである。

つまり、意識の上では出さなければと思いつつ、無意識の心理過程では出したくないという思いが強く、その相矛盾する思いがせめぎ合った結果として、置き忘れ、宛名の書き忘れ、切手の貼り忘れといった一連の錯誤行為が繰り返し行なわれたというわけだ。

このような繰り返される錯誤行為でも、普段との違いをチェックすることが大事だ。僕などは、回想的記憶（過去に経験したことを覚えているといったタイプの、過去を振り返ることに伴う記憶）はきわめて良好なのに、展望的記憶（ある行為をするのを忘れないように覚えておくなど、将来の予定に関する記憶）が著しく弱い。出そうと思った手紙を机の上に忘れるなどは日常茶飯事である。さらには、投函するつもりで手に持ちながら、気がついたら駅の改札にいるというのも常である。

家を出てから駅に着くまでに郵便ポストが三つもあるのに、なぜかいつも通り過ぎてしまうのだ。だが、改札に着いても、手に持ち続けていなければならない。なぜなら、そこでジャケットの内ポケットにでもしまおうものなら、次に目にするのはクリーニング屋に持っていくときになってしまうのを経験的に知っているからだ。過去のことはよく覚えているのだ。

将来を予兆させる錯誤行為もある

フロイトは、予兆的な錯誤行為についても解説している。つまり、将来を予兆させるようなうっかりミスもあるというのである。

ある新婚の女性が、妹と一緒に買い物に出かけた。そこでたまたま通りの向かい側に夫を見かけた。そのとき彼女は、

「ほら、あそこにLさんがいる」

と妹に言った。まるでその人が自分の夫であるのを忘れているかのような他人行儀の呼び方だった。このエピソードを聞いたフロイトは嫌な予感を覚えたという。

フロイトの予感は正しかった。数年後にその結婚は破綻したのだった。

このもの忘れの背後には、結婚を解消して他人になりたいという無意識の意図が働いていたと考えることができる。

この他にもフロイトは、新婚旅行中に結婚指輪をうっかりなくしてしまった女性の例や、結婚式の前日にウェディングドレスの試着をうっかり忘れて当日慌てた女性の例をあげている。これらの結婚が不幸な結末を迎えたのも、こうしたうっかりミスの背後に、結婚することに抵抗する心理が働いていたとすれば、当然予想されることであった。

成り行き上、このまま結婚するしかないが、実はこの結婚には気乗りしていないといった複雑な心理状況に置かれていたのかもしれない。あなたも、将来を予兆するようなうっかりミスには注意したほうがいいだろう。

無意識を持ち出されるとだれもが無批判になる

さて、ここで話を戻すことにしよう。

「自分を動かしているのは、紛れもなくこの自分だ」という思いを前提として、僕たちは日々を過ごしている。ところが、自分の言った言葉やとった行動の意味を問われても、どうにもわからないということが、ときどきあるのも事実だ。

「なぜ、あんなことを言ってしまったのだろう」

「どうしてあんなことをしたのだろう」

と、自分自身の言動の意図がつかめずに困ることがある。

そんなときに無意識を持ち出されると弱い。だれでも自分自身の言動の背後にある意図を意識しているわけではない、無意識の心理過程というものがあって、人間の行動にはその無意識の心理過程によって動かされている部分があるのだなどと説明され、

「あなたのこの言動から察するに、あなたは無意識のうちにその人に対して、嫉妬心か批判的な気持か特定できませんが、何か否定的な感情を抱いていたと思われるのですが、どうでしょうか？」

などと分析されると、何だかそんな気がしてしまうものだ。

しかし、うっかりそうした説明や解釈を受け入れてしまうと、元々何の悪意もなく言ったことやしたことも、悪意を持って故意にやったことにされ、責任を問われかねない。

とくに被暗示性の強い人は、人からの指摘や解釈を鵜呑みにしやすい。まったくそんな意図はなかったにもかかわらず、無意識的な意図の存在をほのめかされると、そんな気がしてしまいがちなので、注意が必要だ。

無意識のようによくわからない心理過程を持ち出されると、だれでも無批判に受け入れてしまいがちだ。冤罪事件では、無意識のうちにやったんだろうとほのめかされて、そんな気がしてきて、つい自白調書の作成に協力してしまうということが実際に起こっていることはすでに述べた。

「無意識のうちにやったんだろう。証拠はあがっているんだ」

と言われ続けると、自分ではやっていないという思いがあっても、

「まったく覚えがないのだが、もしかしたら無意識にやったのだろうか。でもどんなふうにやったんだろう、本当に覚えていない」

といった具合に気持がぐらついたりする。

どんなふうにやったのかがわからなくても、その後の取り調べで犯行手順がほのめかされるので、しだいにイメージが湧いてくるようになるのだ。

無意識の記憶が行動を導く

僕たちの心の中にある被暗示性について、参考になるのは後催眠暗示という心理現象だ。この心理現象は、一九世紀のはじめに発見されたが、フロイトは心理療法のための催眠技術を磨くためにフランスの医師リエボーやベルネームを訪ねた際に、ベルネームのところではじめてこれを目の当たりにした。この経験は、その後フロイトが無意識の心理学を確立するにあたって重大なヒントを与えた。

自伝の中でフロイトは、ベルネームが自分の病院の患者に行なった驚くべき実験を目の当たりにして、人間の意識には隠されている強力な精神的過程があるのではないかとのきわめて強い印象を与えられたと述懐している。

では、フロイトをそれほどに驚かせた後催眠暗示とは、はたしてどのようなものなのだろうか。

ベルネームが行なった後催眠暗示の実験とは、催眠中に何らかの命令を与えられた患者が、覚醒後なんとなくその命令を実行してしまうというものである。

たとえば、催眠中に、目が覚めてしばらくしたら窓を開けるようにとか、トイレに行くようにとか命じておく。すると、目を覚ました患者は、しばらくするとそわそわしはじめ、突然立ち上がって部屋の窓を開けたり、トイレに行ったりする。

そうした行動について、その理由を聞かれると、患者は催眠中に命令されたことなどまったく覚えていないので、暑いからとか、尿意を催したからなどと、もっともらしい説明をするのである。

無意識の心理過程があるのだということに対して、後催眠暗示という心理現象は重大な貢献をした。そのポイントは、以下の点にある。

・催眠中に命令を受けたという事実を患者はまったく覚えていない
・催眠中に命じられた内容についても患者はまったく覚えていない
・意識にない命令内容は消えずに残っている
・その意識にない命令内容が患者の行動を導いた
・だが、命令された自覚のない患者は、その行動を自分自身の意志によるものと思い込み、自分自身の中にその動機を求める

このような、本人が意識していない命令を何となく実行してしまうという心理現象の存在は、「意識されない記憶」というものがあること、そしてその「意識されない記憶が行動を導く」ことの証拠といえる。

「意識されない」ことを「無意識」と呼べば、「無意識の記憶」があり、その「無意識の記憶が行動を導く」ことが証明されたと言い換えてもよいだろう。

4 抑圧は無意識に行なわれる

「無意識的行動」とか「無意識の動機」ということになると、精神分析の核となる用語である「抑圧」という心理過程を無視するわけにはいかない。

抑圧とは、精神分析でいう防衛メカニズムの一種で、すべての防衛メカニズムの基礎になっているものである。防衛メカニズムとは、僕たちが日々の生活の中で解決困難な状況に直面し、現実的な解決策が見あたらないとき、自分自身が傷つくのを防ぐために用いられる一時しのぎの防衛策である。

たとえば、大学受験とか就職試験とかで失敗したとする。そのとき、実力不足のために落ちたという思いや、行きたいと強く願っていた大学もしくは会社に行けなかったといった思いを持ち続けていると、挫折感に苛《さいな》まれてどうにもつらくてしょうがない。

そこで、防衛メカニズムが働きはじめる。その大学や会社に関する良い情報には耳をふさぎ、悪い情報に着目することで、その価値を低めるのだ。それによって、自分が行くべきところではなかったと思えるようになり、行きたかったのに力不足で行けなかったという挫折感もしだいに薄れ、意識されないようになってくる。

こうして「行けなかった自分」から「行かなかった自分」へと意識が変わっていき、心の傷つきを防ぐことができる。これは「合理化」という防衛メカニズムである。

別の例として、有能な同僚に対して妬みのような気持ちがうごめくのを感じたとする。そのような醜い気持ちを自分が抱いていると認めるのは抵抗がある。自分がちっぽけな人間のように思えて、情けない気持や自己嫌悪に苛まれる。そのようなときにも防衛メカニズムが働く。

醜い気持を向こうがこちらに向けていると思い込めば、自己嫌悪を免れるだけでなく、相手を一見正当な理由のもとに堂々と批判し攻撃することで、自分の中にうごめいている妬みに由来する攻撃的な欲求を堂々と発散することができる。

このように、自分の中にある認めがたい欲求や感情を意識から締め出し、それを相手の中に映し出す、つまり自分でなく相手の心の中にあると思い込むのが「投影」という防衛メカニズムである。

以上のように、自分を脅かす衝動や記憶、認めがたい欲求や感情など、意識していると自分にとって都合の悪いものを意識から締め出すのが抑圧である。そこに無意識の心の領域が発生する。抑圧したこと自体も意識されないので、抑圧は無意識に行なわれることになる。

これを記憶に当てはめると、覚えていると自分にとって好ましくない記憶や思い出すと都合が悪い記憶は、抑圧され、意識から締め出される。つまり、忘れられ、なかなか思い出さないように、無意識の領域に閉じこめられるということになる。

本当に二〇年間記憶を抑圧していたのか

一九九〇年ごろからアメリカでブームとなった抑圧された記憶の掘り起こしは、このように意識から排除された記憶を掘り起こして自分を解放しよう、ほんとうの自分に出合おうというものであった。ところが、いきすぎたカウンセラーたちが記憶の掘り起こしに際して誘導を行ない、実際にはなかった記憶を掘り起こすということが相次いで起こり、告発事件が頻繁に発生したのは、先に述べたとおりである。

典型的なのは、カウンセラーの誘導によって幼児期に親から虐待されたという記憶を掘り起こした人たちが、親を告発するというものだった。いったん掘り起こされた被虐待記憶は、誘導的なカウンセラーとのやりとりによって、みるみる増殖していくのだった。それによって、平和だった多くの家族が崩壊の道をたどることとなった。

実際になかった被害についての記憶、つまり偽の被害記憶が掘り起こされるということが至る所で起こったのみならず、訴えられた親の側にも、「無意識」を強調して責められることによって、記憶の変容が生じる場合があった。

最初のうちは、

「虐待なんて絶対していない」

ときっぱり打ち消していた親でも、「無意識」を楯にしつこく追及されることで、

「もしかしたら……」

との思いが頭をよぎるようになる。

本当に虐待をしていながら、その記憶を抑圧しているため、自分は思い出せないのかもしれない、などと気弱になったりするケースもある。

一つの事例を紹介しておこう。

サンフランシスコ郊外に、小学校四年生の女の子Aとその親友である女の子が住んでい

た。ある日その親友が行方不明になり、二カ月後に自宅近辺で他殺死体で発見された。一九六九年のことだった。それから二〇年間、この殺人事件は解決されずにいた。それが、突然その女の子Aの父親が殺人容疑で逮捕された。告発のための唯一の証拠は、娘である女の子Aの目撃証言だけだった。父親が自分の親友を殺害するのを目撃したのだが、二〇年間その記憶を抑圧していたというのだ。一九八九年のことだった。

弁護側から記憶研究の専門家としての証言を求められたロフタスは、証言台に立ち、記憶は時とともに薄れ細部や正確さが失われていくこと、記憶は目撃した後から与えられる事後情報の影響を受けやすいこと、事後情報が記憶へと統合され元々の記憶を汚染し変容させることなど、記憶の変容に関する研究成果について説明した。

しかし、そうした説明は取り入れられず、陪審員は殺人罪で有罪との判決を下したのだった。この事件によって、「抑圧」という言葉は一般市民の間に広まった。

抑圧神話のはらむ危険性

「あなたはほんとうはやっているのだ。にもかかわらず、やったという記憶がないのは抑圧が働いているからだ」

といった抑圧神話とでも言うべき決まり文句の前では、自分の無実を証明するどんな説明も無効にされてしまう。

ロフタスが証言を求められた、子どもに対する性的虐待事件でも、身に覚えのないことで父親が娘から訴えられていた。告発された父親は、何をやって告発されたのか見当もつかない、自分には子どもを虐待した覚えなどないという。

しかし、虐待は実際にあったのに、記憶を抑圧しているから覚えていないのだと娘から言われた父親は、自分が記憶を抑圧しているのではないかと自ら思い込もうとした。でも、いくらそう思い込もうとしても、自分が子どもに性的虐待をしながらなぜ何ひとつ覚えていないのかがわからないし、やはり納得のいかない思いは拭《ぬぐ》い去れなかった。

結局、この事件では無罪判決が出た。だが、幸せだった家族は崩壊し、けっして元に戻ることはなかった。

このような事例を見ると、

「あなたは忌まわしい記憶を抑圧しているから思い出さないのだ」

「思い出すとつらい出来事を抑圧し忘れることができるから、人は日々平穏に過ごすことができるのだ。あなたが自分のしたことを覚えていないのも、そうした心理メカニズムによるのだ」

「人はだれも自分に都合の悪い記憶は抑圧し、意識から排除してしまう。だからあなたは覚えていないのだ」

などと言われ、いくら否定しても受け入れてもらえず、しつこく追及されるばかりだと、

「もう、どうにでもなれ」

とヤケにもなるだろうが、

「やっぱり自分はやったのだろうか？　でもなんでまったく覚えていないのだろう。抑圧が働いているということなのだろうか」

と自分の記憶を疑う気持にもなりかねない。とくに被暗示性の強い人などは、自分の記憶に対する自信をなくしてしまいがちだ。

だが、物的証拠や当時を知る人たちによる証言がない限りは、掘り起こされた記憶がほんとうに起こった出来事の記憶である保証はない。具体的な場面や手順の詳細まで鮮明に思い出したという場合でも、カウンセラーや取調官の誘導や自分自身の想像力によって生み出されたものであるかもしれないのだ。実際にそれが偽の記憶であったことがわかり裁判になった事例もたくさんある。抑圧神話を無批判に受け入れるのは危険だと言うべきだ

ろう。

5　自分の行動は相手が納得してはじめて成立する

「人間」という文字に象徴されるように、僕たちは「人との間」を生きる存在である。つまり、相手があって自分が定まる、それが人間の存在様式だということだ。

だから、「自分は自分だ」といった一方的な態度は通用しない。何を説明するにも、相手に納得してもらえない限り、その説明は有効なものとはならない。もちろん、自分がとった行動についての説明も例外ではない。

たとえば、友だちから、

「このごろ、なんだか様子がおかしいな、なんでそんなにそわそわ落ち着かないんだ?」

と聞かれて、

「それがな、まさかと思うだろうけど、実はな、このところずっとだれかにつけられているみたいなんだ。で、落ち着かないわけよ」

と答えたとする。

それで相手は納得するだろうか。何かの事件に巻き込まれてほんとうにつけられているということも、可能性はきわめて低いだろうが、ないとは言えない。

しかし、多くの場合、

「そんなバカな。大丈夫か？」

と呆れた反応が返ってくるのではないか。

この場合、同じく落ち着かない心の状態を、

「どうもこのところ人から見られているような圧迫感があって、どうにも落ち着かないんだ」

のように説明すれば、話はスムーズに進行する。

「そうか、人の視線がすごく気になる？」

「そうなんだ、自意識過剰かもね。実際には、だれもオレのことなんか見てないし、気にしていないんだろうけどな」

「人からどう見られるかが気になっているのかな」

「あっ、それそれ、自分が人からどう見られているかが、やたら気になる感じ」

「何か自信をなくすようなことあったのか？」

といった具合に建設的な対話が続いていく。

聞き手の理解の枠組みに沿って説明する

自分自身の行動だからといって、こちらの勝手な説明が許されるわけではないのだ。聞き手の理解の枠組みに沿った説明でないと、こちらの勝手な妄想やいい加減な説明とみなされ、まともに取り合ってもらえない。つまり、もっともらしいストーリーにしていかないと、その説明は信用されないだろう。

上司から仕事が雑だときつい調子で注意を受けて、つい怒鳴り返してしまったとする。そのやりとりを見ていた先輩が心配して、

「どうした？　いつものお前らしくないな」

「すみません、さっきは突然悪霊が降ってきたみたいで、自分でもビックリしちゃいました」

などと答えたらどうだろう。

先輩は唖然《あぜん》として言葉を失うのではないか。悪霊が降りてきて取り憑かれたといった説明で納得する文化もあるだろうが、現在の日本ではそのような理屈は通用しない。

では、どう説明したらよいのか。たとえば、このような説明はどうだろう。

「自分でもビックリしました。最近プライベートでいろいろトラブルがあって、ストレスが溜まっていて、ついキレてしまって……」

「やっぱりそうか、なんかいつものお前らしくないと思ったんだけど、ストレスを溜め込みすぎたんだな」

「そうみたいです、すみません」

「気にするな、そんなこと言っていると、ますますストレス溜まっちゃうぞ。今晩飲みに行こうか。ちょっと発散しないとな」

という具合に、相手はすんなり納得してくれるはずだ。

悪霊によって普段と違う攻撃的な反応をしてしまったという説明は、おそらく今の日本では通用しないが、ストレスを溜め込みすぎて普段と違う攻撃的な反応をしてしまったという説明なら、だれもがなるほどと納得するだろう。

自分の行動をすべて理由づけできるわけではない

このように、自分の行動の意味を説明する際には、相手も納得するような理屈で説明しなければならない。自分の行動についての説明だからといって、その説明は自分勝手なものではダメなのだ。

そう考えると、自分の行動についての説明といっても、それは聞き手との間で共同で生み出されるものなのである。

ここでもうひとつ重要なことを見落としてはならない。それは、僕たちは自分自身の行動だからといって、その理由を知っているわけではないということだ。先ほどの例でも、自分がそわそわ落ち着かない理由や自分らしくなく上司にキレてしまった理由をちゃんと把握しているのなら、それを説明すればよい。その説明を聞き手の理解の枠組みに合わせて生み出さなければならないということは、自分でもよくわかっていないことを意味する。

これは根本的なことなのだが、僕たちは自分自身の行動の動機や意味を必ずしも意識しているわけではないのだ。もちろん何らかの動機を意識しつつ用意周到に行動することもあるだろうが、なんとなく行動したのであって、後で振り返って考えたところで、その動機や意味がよくわからないということも、日常的に経験しているはずだ。自分の行動傾向や習慣について聞かれても困る、その理由が思い浮かばないということも、けっして珍しいことではない。

たとえば、親友に関して、なぜその友だちと仲がよいのかと聞かれて、すぐに適切な答えが見つかるだろうか。恋人に関して、何が決め手となってつきあうことを決めたのかと聞かれて、うまく説明できるだろうか。学校あるいは会社に行きたくないという気持に襲われて休んでしまったとき、なぜ休んだのかを先生あるいは上司にうまく説明できるだろうか。

こうしたことを考えてみても、僕たちが行なう自分自身の行動の説明には、後付けで思い浮かんだ理由をもとに順序立てて辻褄を合わせたものといった側面がある。本当にそれが理由で行動をとったのかの保証はない。大事なのは、その説明が自分自身も聞き手も納得するような合理的なものになっているかどうかなのだ。

6　イメージが強化されると実際のことのように思えてくる

冤罪事件の詳細を検討すると、多くが被疑者の自白が決め手となっている。

もちろん、自白調書の作成過程や作成方法の問題点も多いのだが、ここではそれには触れないことにする。

先ほどもみたように、取り調べにおいては、無実の被疑者がいくら、

「やってません」

と繰り返しても聞き入れてもらえず、

「お前がやったんだろう」

「証拠はあがっているんだ」

「証言もあるんだぞ」

のように責め立てられる。

そんなきついやりとりがいつ終わるともなく延々と続く。このまま帰れないのではないかと不安になる。精神的にも身体的にも疲労困憊、極限状況まで追いつめられる。疲れた、眠い、横になりたい、もうどうでもいいからゆっくり休みたいといった気持になる。

そんなとき、

「早く楽になったらどうだ」

「やったことを認めれば、今日のところはこれで終わりにして休めるぞ」

などと言われると、いったん認めてしまったらこの先どうなるといった現実感覚が薄

れ、いくら説明しても無実の言い分を受け入れてもらえない無力感・絶望感や、延々と続くきつい取り調べによる疲労感から、

「やりました」

と言ってしまう。そんな構図が浮かび上がってくる。

それでは実際にはやっていないのに、なぜもっともらしい自白調書が作られるのだろうか。それは、冤罪を生むようなケースでは、取り調べの中でのやりとりに誘導的な側面があり、取調官の質問に答えていけば「正しい回答」にたどり着けるようになっているからである。さらには、昨今の事件についてはさまざまな報道による情報もあり、ニュースを見ていれば犯人でなくても現場の状況や犯行手口について想像をめぐらすことができるからだ。

報道情報や取調官とのやりとりから、犯行時の状況や犯行手口を想像しながら辻褄を合わせて話したとする。想像すると視覚的イメージが浮かんでくる。先に、実際に経験していないことでも、その場面をイメージしてみると、そのイメージが記憶に混入し、後になって過去を振り返ったとき、実際に経験したことのように思い込んでいるという実験結果を紹介した。

もしそうであるなら、取り調べの場でのやりとりの中でイメージした、犯行現場の状況や犯行手口、あるいはその後の証拠隠滅の段取りなどが、いつの間にか記憶の中に鮮明に定着していくということが起こると考えられる。

偽の記憶がどんどん増殖していく

もちろん、犯行現場の状況や犯行手口、証拠隠滅の段取りなどについてしっかりと記憶しているのは、取調官も同じである。だが、取調官の場合は、自分自身を犯人に想定して第一人称の視点でのイメージを持っているわけではない。客観的な第三者の視点からイメージを構成しているはずである。

それに対して、被疑者の場合、取り調べの中では、自分自身を犯人に想定し、第一人称の視点でイメージすることを強いられ、それを記憶に取り込むということが起こってくる。

それは、先に説明した偽の記憶の植えつけ実験の手順と同様であり、後に振り返ったときに、単なる知識の記憶でなく、自分が主人公である自伝的記憶になってしまっている危険性が十分にある。

しかも、取り調べは繰り返し行なわれ、その都度イメージは活性化される。一度自白すると、犯行現場の状況や犯行手口、証拠隠滅の段取りなどを繰り返し説明させられることになり、その度にイメージは強化されていく。偽の記憶の植えつけ実験でも、思い出すことを言うように（記すように）求める面接を繰り返すたびに、偽の記憶がどんどん増殖していくということが起こった。

取り調べや公判、あるいはその打ち合わせなどで、犯行現場の状況や犯行手口、証拠隠滅の段取りなどを繰り返し説明しているうちに、それらが自伝的記憶の中に定着し、あたかも自分がほんとうにやったかのような錯覚が起こっても不思議ではない。

とくに被暗示性の強い人や情緒不安定の人だと、いくら否定しても受け入れられず、こうではないか、ああではないか、証人もいるんだ、などと責め立てられているうちに、自分の記憶に自信がなくなり、記憶の混乱が生じ、取調官の言うように自分がやったような気がしてくるのではないか。たとえ一時的な記憶の混乱であっても、自分がやったような気がしているうちに自白調書が作成されれば、そこに重要な証拠ができあがってしまう。

冤罪を生むような取り調べでは、いろいろなかたちで気持に揺さぶりをかけるというやり方がとられる。先に見た、

「早く楽になったらどうだ」

というのもそうだし、

「証拠もあがっているんだ」

というのもそうだ。被害者に対する責任を喚起させるやり方もある。

直接犯行に関係ないことでも、

「お前があんなことを言ったから、被害者はあんな場所に出入りするようになったんじゃないのか？」

「あなたに裏切られたような思いになったんじゃないですかね」

などと言われ、被害者に対する罪悪感や責任感が刺激されたりすると、今回のことも自分に責任があるとの思いから、自分を責める気持に陥りかねない。そうした心理状況に置かれて、つい自白をしてしまうということも起こり得る。

さまざまな揺さぶりが罪悪感や責任感を刺激する

ものごとの間の因果関係というのは、実はとても曖昧なところがある。自分のとった行動の動機が自分でもよくわからないということがあるくらいなのだから、他人のとった行動の動機などよくわからなくて当然である。だが、僕たち人間には、「わかりたい」という気持がある。理解欲求と呼ばれるもので、人間の持つ主要な欲求のひとつである。

だから、知っている人が加害者として詐欺事件を起こしたような場合は、

「どうしてあの人がそんなことをしてしまったのだろう？　そこまでお金に困っているとは思わなかった」

などと気になるものだ。そんなとき、自分の責任感を刺激されたりすると、

「そういえば、この前訪ねてきたとき、様子がちょっとおかしかった。あのとき、話を十分聞いてやらなかったのがいけなかったのかもしれない。話を聞いてあげていれば、防げたかもしれない」

と悔やんだり、自分を責めたりしがちだ。

逆に、知っている人が被害者として殺されたような場合も、

「なぜあの人が殺されたのだろう？　借金を踏み倒すような人じゃないけど」

のように気になるものだ。そんなときに自分の責任感を刺激されたりすると、

「そういえば、最近元気がなかったように思う。悩んでいたんだなあ。なんでももっと早く気づいてやれなかったのだろう。何とか力になってあげられたかもしれないのに」

と悔やんだり、自己嫌悪に陥ったりするだろう。

当然のことながら、自分が話を十分に聞いてやれなかったことが詐欺行為を引き起こさせたわけではないし、様子がおかしいと気づいてやれなかったことが借金の踏み倒しによって殺されたことにつながるわけではない。でも、罪悪感や責任感を刺激され、自責の念に駆られているような場合、そこにきわめて主観的な因果関係を想定してしまいがちだ。

どちらのケースでも、運悪く共犯者として、あるいは犯人としての嫌疑がかかっていたりすると、自責の念に苛《さいな》まれて、ついつい自分に不利な供述をしてしまうということもあるだろう。

被害者に対する同情をあおるやり方もある。

「あの被害者には小さな子どもがいるんですよ。残された子どもが不憫《ふびん》でね」

「かわいそうに、わが子を失った母親の気持も考えてみろ」

などと言われると、同情のあまり何とか協力してあげたい気持が生じがちだ。

ただし、軽い事件なら同情で罪をかぶってあげるということもあり得るが、さすがに殺人事件で同情から罪をかぶるということは考えにくい。

ある殺人事件の裁判で、つぎのようなやりとりがあった（浜田寿美男　前出書より）。

「○○の女の子にはお父さんもお母さんもいることを、△△は知っていますか」

「はい」

「△△におばあちゃん（△△は母のことをそう呼んでいた）がいるのと同じように、○○の女の子にも父ちゃん、母ちゃんがいるのだが、それについて何か気持はありませんか」

「ほんとうは僕、殺したんじゃねえもの。ほんとうは。話せば」

「『ほんとうは僕、殺したんじゃない』というのですか」

「うん、ほんとうは」

ここでは、自白していた被疑者が、母親のことを引き合いに出されて、これまで認めていた自分の犯行を否認している。

検察官は、自白を強化する意味で、被害者に親がいることを引き合いに出し、情緒的な揺さぶりをかけてさらに有利に進めようと思ったのかもしれないが、被疑者の心の中に被疑者自身の母親に対する思いが湧いてきて、逆効果となったようだ。しかし、その後の公判では自白を否定することはなかった。

第3章　記憶はどこまで再生できるのか

1 目撃証言の危うさ

ところで、冤罪事件では、物的証拠が十分でないため、目撃証言が重要な役割を演じていることが多い。

アメリカで誤審に影響した要因を検討した研究によれば、目撃者要因、裁判所係官要因、警察取調官要因などがあげられているが、最も重要な要因が目撃者要因であり、冤罪の五割が目撃者の誤認により生み出されたものだった。同じくアメリカでDNA鑑定によって無実が証明され釈放された事例を検討した結果、そのうちの何と九割で目撃証言が重要な役割を演じていたことがわかった。

目撃証言の危うさについては、ずいぶん前から警鐘が鳴らされてきた。しかし、物的証拠が揃わないケースも多いため、犯罪捜査においては、どうしても目撃証言に頼らざるを得ないのが実情だ。

目撃証言によって犯人が捕まり一件落着となったものの、後になって疑問をもたれることになったり覆《くつがえ》ったりするケースも珍しくない。よく知られているのが、一七九六年に起こった郵便馬車強盗事件だ。パリからリヨンに向かっていた郵便馬車が五人の男の強盗に襲われ、二人の郵便局員が殺害された。目撃者の証言により、一三人の容疑者が識別され、七人が強盗犯として刑の執行を受けた。だが、よく考えてみると、これはおかしな結末と言うしかない。もともと目撃された強盗犯は五人だったのだから。

この事件では、目撃者たちにより、あのときの強盗だと確信をもって識別された者の中に、二人の友人同士がいた。二人とも無実を訴えたが、彼らの運命は分かれた。その分かれ道はアリバイの有無だった。アリバイの有無というのは適切な言い方ではないかもしれない。アリバイを認めてもらえたかどうかだった。

「自分だけは大丈夫」という根拠なき心理

冤罪事件の記事や記録を読む度に思うのは、アリバイを証明することの重要性と困難さだ。しっかりとしたアリバイさえ証明できていれば、無実の罪を問われるようなことにはならなかったのに、と思われるケースが少なくない。いつ犯行に及ぶかを計画している犯人ならアリバイ工作の準備をすることもできるだろう。

しかし、冤罪であるからには、つまり犯行とは無関係の人物にとっては、アリバイが必要となる日時がいつであるかがわからないのだから、どうにも準備のしようがない。いずれ巻き込まれることになる事件がいつ起こるのか、まったく見当もつかないのだ。

そうであれば、万一の冤罪を避けるためには、毎日アリバイをしっかり作っておくしかない。電車に乗ったときには切符を駅員に頼んで印を押してもらい持ち帰る、キャッシュコーナーでお金の出し入れをしたら明細書を捨てずに保存しておく、喫茶店や居酒屋など飲食店の領収書も本屋や雑貨屋のレシートもしっかり持ち帰り保存しておく、映画館や野球場に行ったときには入場券に入った時刻と出た時刻を記入し保存しておく、空き時間があれば友だちと電話で喋っておき時刻も記録しておく、人に会ったときには相手の手帳にも自分と会ったことや一緒にいた時間などを記入してもらう……。

もしほんとうにこんなことをしていたら、実に怪しい人間と人から思われてしまうだろうし、強迫神経症にでもなってしまいそうだ。万一の冤罪のために日々こんなことを続けるなんてばからしいと思うのがふつうの感覚だろう。

僕自身も、冤罪の怖さ、アリバイがないことの恐ろしさは十分わかっているつもりだが、このような自己防衛のための対策は一切とらずに日々を過ごしている。人一倍無精な自分には土台無理なことと、最初から諦めている。

そこには、

「自分だけは大丈夫」

という一種の自己中心的な楽観心理が働いているのも否定できない。多くの健康な人は、それがあるからこそ神経症にならずに済んでいるという面もあるかもしれない。

しかし、だれもが相当に危ない世界に生きているというのも真実である。一瞬先は闇と言う言葉もあるが、この先何が起こるかわからないのが世の常。たとえば、交通事故で日本国内だけで毎日数十人の人が亡くなっているが、だれもがまさか自分が交通事故の犠牲者になるなんて思っていなかったはずだ。火事や震災の被害者の人たちも、自分や自分の家族が被害に遭うなどとは思ってもみなかっただろう。通り魔事件の犠牲になった人たちも、自分が通り魔事件の被害者になるなんて想像もしなかったに違いない。

一度信じたイメージはなかなかぬぐい去れない

少し横道にずれたので、話を目撃証言に戻そう。目撃証言による誤認逮捕の事例には事欠かない。アメリカで起こった強姦冤罪事件に、次のようなものがある。

ある女性が朝日を覚ますと、寝室に侵入者がいた。侵入者の男は銃を持っており、

「声を出したら子どもを殺す」

と脅した。そして一〇代の娘とともに縛られ、目隠しされ、強姦された。翌日このことを知った恋人は激怒して、繰り返しこう言った。

「犯人は君の知っているだれかに違いない、なぜってその男は自分がだれだかわからないようにものすごく注意を払っていたんだろう？」

「君は近所でその人物を見たことがあるんだ、どこかでその男を見たんだよ……スーパーとか教会とか、パーティとか」

この「パーティ」という言葉で、彼女はある男の顔を、そして名前を思い出した。数週間前にパーティに出かけたときに、その男たちと数時間を過ごしたのだった。公判を待つ間に、彼女はその男が襲ったのだという確信を強めていった。公判でも確信をもってその男を識別し、その男は物的証拠もないのに起訴され、五〇年の刑を宣告された。

ところが、それから二カ月後、別の事件で逮捕された男が、七つの州にわたる七〇件以上の犯罪を自白し、そのなかに今回の事件も含まれていたのだった。結局、先に五〇年の刑を宣告された男は無実であるとみなされ釈放された。しかし、被害者の女性は、新たに判明した犯人が真犯人にしかわからないような事件の詳細を語っても、それを信じようとはしなかった。

彼女の中では、最初に犯人であると信じ込んだ男のイメージがしっかり刻みつけられ、それを拭い去ることができなかったのだろう。第1章において、被害記憶の捏造が現実に起こり得ることを見てきた。そして第2章では、経験していない出来事をイメージすることによって、それが現実に経験した出来事の記憶に入り込んでしまうことも確認した。このケースの女性も、犯人だと思い込んだ男性による犯行シーンを何度も繰り返しイメージしたに違いない。しかも、おぞましいシーンと憎むべき犯人を激しい感情を込めて何度もイメージしたはずだ。それによって、別に真犯人が捕まったと頭で理解しようとしても消し去れないほど強烈なイメージが、記憶の中に焼き付けられてしまったのだろう。

「この人が犯人です」をだれが証明するのか

目撃証言があてにならないとはわかっていても、何人もの目撃者が同じ人物を犯人だと同定した場合、だれもが信憑性の高い判断だと思ってしまう。だが、それは非常に危険な態度であるのかもしれない。目撃者が多いからといって、その証言が信用できるというわけではないことを示す事例がたくさんある。

海外の冤罪事件の歴史をみると、合計一四人の証人がある人物を犯人として識別したのに、後に真犯人が現われたり、一七人の証人が被疑者を識別したのに、公判前にアリバイが証明されたり、一一人の目撃者が容疑者を犯人であると識別したのに、後日誤認であることがわかったり、七人の証人が同じ人物を犯人と識別したため陪審員は有罪を評決したのに、後日真犯人が現われたりといったことが現実に起こっている。この他にも、何人もの目撃証言があったにもかかわらず、その判断が間違っていたという事例には事欠かない。したがって、複数の目撃者たちが「この人が犯人です」「私が見たのはこの人に間違いありません」のように証言したとしても、その人物が犯人であることの確証とはならないのだ。

日本でも、誤った目撃証言による冤罪事件は、残念ながら多数発生している。

昭和二九年の札幌の二つの郵便局強盗事件では、郵便局に侵入して局員を縛りつけるなどして強盗が行なわれた。二人の容疑者が捕まり、それぞれ懲役六年と七年の判決を受けた。二人の自白調書と複数の目撃証言が主な証拠となっていた。

この事件では、郵便局長代理が、犯人は覆面をしていたが、被告の一方と酷似しており、目と声によって同一人と断定できる、と証言した。また郵便局の女子事務員は、背の低い方の犯人は被告のもう一方に酷似している、頭髪と顔の輪郭が似ている、と証言した。その他三名も同様の供述をした。ところが、後日真犯人が現われ、再審の結果、当然のことだが二人とも無罪となった。

結局、この事件では、郵便局で犯行を目の当たりにした五名の目撃証言が、すべて誤りだったのだ。

昭和五六年の下田缶ビール事件では、犯人は民宿の従業員を装って酒屋からビール五〇ケースを詐取した。容疑者は有罪判決を受け、服役した。出所してから、真犯人と目星をつけていた人物を捜し出し、アリバイを証明する新証拠も揃えて再審を請求し、無罪を勝ち取った。

この事件では、目撃者三名が、六名の顔写真からこの最初に服役した人物の写真を犯人だとして識別し、公判でも確信をもってそのように証言を行なったのだった。冤罪被害者と真犯人は、体格は似ていても顔は似ていなかったという。

目撃者は、事件解決の鍵を握る重要な存在であることは間違いない。多くの事件は、目撃者による証言のおかげで解決に至る道筋を辿ることができる。だが、その有用性の高い目撃証言が、ときに冤罪を生むことにつながってしまう。

犯人逮捕の鍵を握るような責任のかかる状況で、目撃者がそんないい加減な情報提供や証言をついうっかりしてしまうものだろうか、そんな無責任なことができるのだろうか、と疑問に思う人もいるかもしれない。しかし、誤った目撃証言をした目撃者の人たちの多くは、おそらくけっして軽はずみな気持で情報提供や証言をしているわけではないはずだ。本人はきっと、自分の判断の正しさを根っから信じ込んでいるのだ。だからこそ人間の心理は、怖ろしいとも言える。

証言者は、他の人たちの知らない情報を提供し得る人物、事件解決の鍵を握る人物としての自覚から、何らかの有用な情報を提供しなければならないと無理をすることもある。暗がりで見た顔や覆面で隠されていた顔を思い出すのがどうにも困難だとしても、目の前に疑わしいとされる人物の写真を見せられ、判断を求められると、「わかりません」とは言いにくく、つい感覚的に答えてしまう。そんな心理が、実はだれにでも多少はあるのではないか。

さらには、いったん何らかの判断を表明してしまうと、はじめはよくわからないという気持や自信のなさがあった場合でも、なんだかそう思えてくる。事情聴取を繰り返し受け、同じ判断を繰り返し表明しているうちに、しだいにそのイメージが頭の中で固定され、確かにそうだという気持ちが強まってくる。これも人間の一般的な心理なのではないだろうか。

このように考えると、有力な手がかりである目撃証言も、その扱いには慎重を期さないといけないことがわかる。

では、次に、こうした目撃証言の怪しさを再現するために行なわれたさまざまな心理実験をみてみよう。

2　目撃者の証言は思っているほどあてにならない

刑事ドラマを見ていると、目撃者を片っ端からあたって証言をとる場面が必ずといっていいほど出てくる。そこで証言する目撃者が、実は犯人と組んでいる悪者で、嘘の証言をしていたことが後になってわかる、といった展開もないわけではない。

しかし多くの場合、目撃者は自分が目撃した事柄の記憶に誠実に向き合っているようである。目撃者の証言に基づいて容疑者を絞り込んだまではいいが、その容疑者にはアリバイがある。そのアリバイをどう崩すか。そこに視聴者が息をのむスリリングな展開が待っている。といった具合に、アリバイ崩しがドラマのクライマックスになることが多い。

だが、アリバイ崩しにいく前に、容疑者を絞り込む決め手となった目撃者による証言が、本人は正直に答えているつもりでありながら、記憶というものの性質上それほどあてにならないとしたら、ドラマのそもそもの前提が成り立たない。しかし、ドラマでなく現実の問題として、目撃証言というものは、一般に思われている以上にあてにならないものであるようだ。

私たちは目の前のことを見ているようで見ていない

では、目撃者の証言の怪しさを確認した心理実験をみてみよう。

次にあげる実験は、アメリカのある大学のキャンパスで行なわれたものである。

大学のキャンパス内で学生が教授を襲撃するという事件を演出した。そのとき、現場には教授と襲撃者である学生の他に、襲撃者と同じ年齢の若者がもう一人いた。つまり、現場には教授を含めて三人がいたのである。

キャンパスで白昼堂々と行なわれた襲撃であったため、たまたま目撃した者が一四一人にものぼった。そこで、その目撃者たちから個別に目撃証言をとることになった。思い出すことをすべて話すように求めた。その結果、みんな真剣に思い出しながら証言をしているはずなのに、得られた目撃証言が実に不正確なものであることがわかった。

暴行が続いた時間については、平均して二・五倍に過大評価されていた。犯人の体重は、平均して一四パーセント過大評価されており、年齢は二歳以上過小評価されていた。身長評価のみが実際にほぼ近いものとなっていた。このような想起の歪みは、事件や犯人に対するイメージによってもたらされたものと考えられる。

たとえば、暴行事件という大変な出来事だという印象の強さゆえに、実際よりも長く続いたかのような時間の過大評価が生じたのではないかと思われる。また、暴行事件を起こすような人物は体格がよいだろうといったステレオタイプ的な見方から体重が過大評価され、暴行事件を起こすような人物は精神的に未熟に違いないといった見方から年齢が過小評価されたと解釈することもできるだろう。

事件から七週間後、目撃者たちに対して個別に面接調査が行なわれた。六枚一組の写真が示され、その中から犯人を選ぶように言われた。その結果、犯人を正しく選べたのはわずか四〇パーセントにすぎなかった。二五パーセントの者は、ただ一緒に居合わせただけの無実の若者を犯人として同定したのだった。

この結果をどう受けとめたらよいだろうか。目の前で実際に目撃した人たちの六割が、本当の犯人ではない人物の写真を見て、

「この人が犯人です」

と言うのだ。そのうちの半分弱は、犯行現場に居合わせたけれども、何もしていないほうの人物を犯人として特定化している。これは、

「たしかあのとき見たような気がする」

といった思いから選んだのかもしれない。犯行現場で見ていたのは事実なのだから、たしかにあのとき見たはずの顔だという記憶に間違いはない。ただ、犯人ではなく何もしていないほうの人物だということが思い出せなかっただけなのだ。

犯行現場で見た顔と見なかった顔の区別はついているからましなほうだとも言えるかもしれないが、何もしなかったほうの人物の顔だということを思い出すかどうかで、犯人が捕まるか冤罪被害者が捕まるかが分かれるのだ。犯人として同定される側としては重大問題だ。

この場合は、一四一人全員に聞いて、六人のうち正しい犯人を選んだ人が四〇パーセントと最も多かったということにはなる。だが、その比率は五割以下だ。現実には、目撃者

がみんな見つかるということなどあり得ない。たまたま見つかった目撃者が数人いて、その人たちがこの実験の誤判断をした六割の側に属する人たちだったらどうだろうか。無実の人間が、

「この人が犯人です」

との目撃証言をもとに逮捕され、取り調べを受けることになってしまいかねない。

次に、カリフォルニア大学の講義中の教室で仕組まれた心理実験もあげておこう。

この実験では、犯罪捜査に関する講義を行ない、受講者には大学生の他に弁護士や判事がいた。その講義の最中、突然、講義中の教室の扉が開き、一人の女性が入ってくる。受講者はその女性に注意を引きつけられる。その女性は、教壇に向かって歩いて行き、講義者の名前を呼んで確認してから、ハンドバッグから武器を取り出し、振り上げる。

「あなたが私の弟を自殺させたんだ」

と叫びながら、講義者に向かって歩み寄る。教壇の近くにいた実験者が急いで教壇に駆け上がり、女性を取り押さえて、教室の外に連れ出した。連れ出される間も、その女性は抵抗しつつ振り向いては、

「復讐してやる」

と大声で叫び続けた。

翌朝、この出来事を教室で目撃していた三四名の受講者に、この女性の容貌、体格、衣服、所持品の描写、その行動についての記述を求めた。目撃者による描写の多くは、実際のその女性の特徴からは、まったくかけ離れたものとなっていた。

たとえば、その女性の年齢は三一歳だったが、年齢の推定は二五歳〜四五歳まで幅広く散らばった。髪の色は「黒ずんだ褐色」であり、一九名がそのように答えたが、四名が「白髪」、二名が「薄茶色、金髪」と答え、九名はわからないと答えた。

顔色は「色白でシミがあり化粧はしていなかった」が、一二名が「色白」と答えたのはよいものの、「黒い」「赤らんでいた」「厚化粧をしていた」という人がそれぞれ二名ずつおり、「ふつう」「オリーブ色」「チョーク色」という人もそれぞれ一名ずついた。

さらに驚くべきは、犯人識別の結果だ。六週間後に先ほどの女性を含む七名が教室の前を番号札を持って歩き、受講生たちに六週間前の犯人を識別させた。その結果、正しい回答をしたのは、わずか三名にすぎなかった。「わからない」あるいは「この中には犯人はいない」と答えたのは一四名で、犯人とは違う別の女性を選択した者は、ちょうど半分の一七名となった。正答率は、なんと九パーセントにすぎなかった。

日本の大学で行なわれた同様の実験もある。それは、講義中の教室で仕組まれた模擬窃盗事件だった。

講義中の教室に不審者が侵入し、教師の鞄を盗んで教室から逃げ去った。その講義の受講者たちが目撃者となった。先ほどの実験と同じく、個別に六枚の写真を見せて、犯人を特定させた。約七割の目撃者がいずれかの写真を選んだが、実はこの六枚はすべて事件とは関係ない人物の写真だったのだ。多くの目撃者にとっては、たしかに犯行を目撃したにしても、顔を特定できるほどしっかり見ていたわけではないし、覚えているわけでもない、というのが正直なところかもしれない。

にもかかわらず、大半の目撃者はいずれかの写真を選んで、

「この人が犯人だと思う」

と言ってしまうようだ。

なお、この実験中に不測の事態が生じた。犯人役の学生が教師の鞄を抱えて逃走すると、ある一人の学生がものすごい勢いで教室を飛び出して犯人を追いかけ、ついに犯人にタックルをして捕まえてしまったというのだ。

目の前で何が起こっても傍観者を決め込む者が圧倒的に多い現代において、これは快挙

と言ってよいだろう。このような学生がいるとは何とも頼もしい限りだ。

話を目撃証言に戻すと、犯人識別実験において、犯人を身近に見たはずのこの学生までもが、無実の人物の写真を犯人として特定化したというのだ。

一度だけ会った人の顔を写真で判別できるのか

一九八四年に自民党本部放火事件というのがあり、翌年ある人物が逮捕された。事件に用いられたある装置の部品を購入したとされる店で、その部品を購入した客の応対をしたという店員が、複数の写真の中からその人物の写真を識別したのが有力な証拠であった。

このように店員の証言をとるというのも刑事ドラマではお馴染みの捜査手法である。そして、まずはそれしか手がかりはないということも実際にはあるだろうし、その証言のおかげで犯人を捕まえることができたという事例も多々あるものと思われる。

しかし、店員として日々何人もの客の応対をしていた者が、ずいぶん経ってから、何月何日にこれを購入した客の顔を思い出してくれと言われて、はたして思い出せるものなのだろうか。

僕などは、人の顔や名前を覚えるのがきわめて苦手で、よく知らない人の顔はなかなか

区別がつかなくて困ることが多い。テレビドラマを見ていても、登場人物の区別ができなくて、一緒に見ている人間に、

「この人はだれだっけ？」

「この人はさっき喋っていた人と同じ人？」

「この人はお父さんだった？」

「これ、犯人だったよね？」

などと頻繁に聞くので、

「いちいち聞かれるとテレビに集中できないじゃない」

などとうるさがられる。

僕が、昔からよく思っていたのは、モンタージュ写真など自分には不可能だということだ。したがって、最初から今日これを買いに来る客の顔を覚えておくようにと言われていたとしても、数カ月も後に聞かれて思い出す自信はまったくない。ましてや何の前触れもなく、後になって数カ月前のある日を指定され、その日にある品物を購入した人物の顔を思い出せと言われても、思い出せるわけがないのだ。写真帳の中から選ぶようにと言われたら、見たことがあると感じるものを無理やり選ぶしかないだろう。

もしその感覚が当たっていたとしても、どこで会ったのかの保証はできない。よく来るお客かもしれないし、自分がよく行くお店の店員かもしれない。電車でしょっちゅう一緒になる人かもしれないし、野球場で会った人かもしれない。あるいは、それらの人たちのだれかに似ているだけの人なのかもしれない。

僕は、ユングの性格類型（ユングは、心の機能を思考機能、感情機能、感覚機能、直観機能の四つに類型化し、どの機能が優れているか、どの機能が苦手であるかは人によって異なるとした）によると、思考型にちょっと傾いた直観型になるようだ。直観型にとって最も苦手となるのが感覚機能だ。だれの顔を見ても似たような顔に見え、人の顔の区別がつきにくいのも、感覚機能が弱いからということだろう。顔に限らず、目の前の形態の特徴をとらえるのが苦手だから、当然のことながら絵も下手だし、字の不格好さといったらこの上ない。

でも、このようなタイプは周囲にたくさんいるはずだ。運悪く目撃者が感覚機能の弱いタイプだったら、その目撃証言はきわめて怪しいものになるのではないかと不安を拭えない。

目撃証言の怪しさを検証するためのフィールド実験が、先の自民党本部放火事件に模して行なわれている。

それは、客を装った実験協力者が、玩具、スポーツ用品、電機部品などのさまざまな店で、実際に品物を購入し、現金で支払い、領収書をもらって帰るというものである。その際、領収書の宛名のために、氏名の入っていない名刺を出し、筆記用具を借りて、名前を震えながら書いた。さらに、印象を強めるために、左手に包帯をしていた。三カ月後、それらの店を訪ねて、その客の応対をした店員から供述を得たり、一五〇枚の写真を見せて識別してもらったりした。

その結果をみると、年齢、メガネの有無、体格、服装、服の色など、人物に関する一二問の平均正答率は四三パーセントだった。客はサインをしたか、客にペンを貸したか、支払いは現金だったか、来店の時刻、そのときの店員数、そのときの客数など、出来事に関する二〇問の平均正答率は三五パーセントだった。ともにかなり低い比率となり、半分以上は誤答だった。

写真による顔の識別に関しては、結果は惨憺《さんたん》たるものとなった。八六人の店員のうちいずれかの写真を選択した者は五七名だったが、正答率はわずか九パーセントにすぎなかったのだ。目撃証言がいかにあてにならないかを思い知らされる結果と言える。

これらは仕組まれた実験だからよいが、現実の事件であったなら非常に恐るべきことが起こりかねない。何もしていなくても、目撃証言がある場合、取り調べで無実を認めてもらうのがいかに困難をきわめるかは、前章で見たように多くの冤罪事例が物語っている。

3 記憶のメカニズム

目撃証言による誤認逮捕がなぜ起こるかを考えるとき、その大きな要因と言えるのが、事後情報の効果だ。事後情報による目撃証言の誘導、この問題を検討するには、新たな記憶論の立場から見ていく必要がある。

記憶心理学はエビングハウスによって大きく発展した。エビングハウス以来の多くの記憶理論は、いわゆるコピー理論に立脚していた。写真やビデオ映像は、撮影したものがそのままに保存されている。記憶もそれと同じようなメカニズムで成り立っていると考えるのが、コピー理論だ。もちろん、記憶が薄れたり忘却したりすることもあるが、再生される記憶はオリジナルなモノや出来事を忠実に反映しているとみなす。

そのような記憶理論は、無意味な綴りの記憶を典型とする機械的な記憶についての実験をもとにして成立したものだった。だが、実験室のような日常生活から切り離された場面で、本人にとってまったく意味をもたない単語をただひたすら記憶させられるそのような実験が、実生活の中で経験する、本人にとって大いに意味のある出来事を記憶するメカニズムを再現しているとはとても思えない。

簡単に言えば、「ＡＢＸ」「ＭＤＪ」のような無意味な綴りを丸暗記する場合と、「子どものころ、お父さんとよくキャッチボールをした」「一週間前に学生時代の親友と偶然駅で出合って、喫茶店でしばらくおしゃべりをした」というような自分にとって意味のあるエピソードを記憶している場合とでは、記憶のメカニズムは異なるのではないだろうか。

記憶は再構成される

そこに登場したのが日常記憶の心理学である。自伝的記憶の研究や目撃証言の研究は、日常記憶の心理学の展開と言える。

日常記憶の心理学の研究が進むにつれて、コピー理論だけでは説明できない記憶現象があまりに多いという事実が浮上してきた。そこで力をもちはじめたのが、記憶の再構成理論である。記憶の再構成理論とは、記憶は出来事が起こった時点で固定されるのではなく、後になって想起する時点で、そのときの視点から再構成されるとみなすものである。

第1章で見た認知心理学者ロフタス自身が経験した母親の死のエピソードについての記憶の揺らぎを思い出してみよう。

ロフタスが一四歳の夏、母親とおばと一緒に親戚の家に遊びに行っているときに、母親はその家のプールで溺死した。発見したのはおばだった。発見された朝、ロフタスはまだ寝ていたが、知らせを聞いてあまりのショックに叫び続けたという。そのような記憶をそれ以来三〇年にわたってロフタスはもち続けていた。ところが、三〇年後のあるときに親戚の人との集まりの場で、発見したのはおばでなくロフタス自身だと言われた。反論はしたものの、それ以来ロフタスの記憶は変容しはじめた。プールを覗き込んでいる少女の自分やプールにうつぶせで浮いている母親の姿、それを見て泣き叫ぶ自分の姿が思い出されるようになっていった。三日後に、親戚の人からの電話で、先日の話は間違いで、やっぱり発見したのはおばだったと言われた。この変容した記憶は、三〇年後の視点から再構成されたものと言うほかない。まさに記憶の再構成の端的な実例といえる。

日本でも、学園紛争で二人が大学総長に乱暴して傷害を負わせたとして起訴されたが、総長の記憶の変容が生じていたと見られる事件があった。

事件から四〇日後に作成された総長の供述調書では、Aと、名前は知らないが顔はよく覚えている長身の学生が、スペインの闘牛のように突進してきて、自分に暴行を加えたとあり、その学生がBであることを写真により特定していた。だが、弁護人が初期の供述調書を開示してもらったところ、Bに関しては、別の学生が自分の襟元を強く引っ張り、平手で肩のあたりを突き、なぜ逃げるのかと言っていたようだが、その学生は名前も知らないし、どんな人物かなど覚えていないと言っていた。

名前も知らないし、どんな人物かも覚えていないというのに、後になって写真を見て特定化したのである。そのようなことが可能だろうか。結局学生Bは無罪の判決を受けた。

実は、当初の供述の数日後に、秘書が、Aの他にもう一人、頭髪を真ん中から分けた長身で痩せ型の男が総長の肩に手をかけたと供述していた。その秘書の証言が後の総長の供述を引き出すことになったと考えられる。秘書の話を聞いているうちに、総長もだんだんそんな気になっていったということであろう。

主観的な思いに記憶は左右される

このように想起というのは、オリジナルな経験をそのまま保存しておき、思い出すときに、それをただ引き出すというような受動的な作業ではない。また、目の前の出来事を冷凍し、そのままに保存をして、解凍すると冷凍前のときのままの形で出来事が思い出される、というようなものでもない。

想起するときの視点から、過去経験の素材の痕跡をもとに再構成するという、きわめて能動的な作業なのだ。そうであるなら、想起された出来事が過去に経験された出来事とまったく同じである保証はない。

勉強や仕事に対する意味づけも、人生こうありたいという人生観も、二〇年前と一〇年前そして現在では、かなり違っているのではないだろうか。父親、母親、幼なじみのA、高校時代の友だちBといった特定の人物に対する見方も、時とともに変遷があったはずだ。もっと微視的に見ても、職場の上司Cからきつく当たられていたときと、ひょんなきっかけで親しみのある言葉をかけられるようになった今では、その人に対する見方は大きく変わっているだろう。

このように、僕たちの視点が時とともに変遷していることを考えると、むしろ想起された経験は、今の視点からの意味づけを含むものであって、過去の視点から経験されたものとは違っていて当然といえる。

記憶の再構成を示した有名な実験がある。

それは、図形を見せてその形を覚えさせ、後に思い出させるという単純なものだが、記憶時にそれぞれの図形の名前を与えて、そうしたラベリングが後の記憶の再生にどのような効果をもつかを検討したものである。

それを参考に僕も実験を行なってみた。その結果、図形という物理的刺激を記憶する際にも、図形の名前というラベルの影響を強く受けることがわかった。図形を思い出す際にも、その図形の意味を頼りに思い出そうとするために、想起の歪みが生じることも証明された。

たとえば、二つの円を一本の直線でつないだ図形を記憶させた。その際、半分の人たちが手にした図版には「めがね」というラベルがつけてあった。残りの半分の人たちが手にした図版には「鉄アレイ」というラベルがつけてあった。他の図形にもそれぞれ二通りのラベルをつけてあった。一連の図形を覚えさせてから図版を回収した。一五分後に記憶を頼りに覚えた図を描かせた。

その結果、再生された図形は、ラベルの持つ意味にふさわしい方向に歪むことがわかった。たとえば、同じ図形であっても、「鉄アレイ」のラベルのもとに記憶した場合より、

「メガネ」のラベルのもとに記憶した場合のほうが、いかにも「メガネ」らしく二つの円の間の間隔が狭い図が再生される傾向があった。

九〇分後にもう一度覚えた図形を描かせたところ、再生された図形は、ラベルの持つ意味にふさわしい方向に、よりいっそう歪んでいることが確認された。

こうした実験結果から明らかなのは、僕たちが何かを思い出すときには、記憶内容に何らかの意味づけをして想起する傾向があり、その意味づけの方向に想起内容が歪んでいくということである。単純な図形を思い出す際であっても、このような主観的な歪みが生じるのである。ましてやいろいろな思いが込められている日常生活の出来事を想起する際には、意味づけによる想起の歪みは相当なものになると想像してよいだろう。

誤情報を与えられると、記憶が変容する

では次に、事後情報が目撃証言に与える影響について、いくつかの心理実験をもとに考えてみよう。ロフタスは、自動車事故のフィルムを用いた一連の目撃証言実験を行なっている。

まずは、多重衝突事故のフィルムである。その衝突事故では、一台の車が停止標識で止

まらずに右折して表通りに飛び出してしまい、通りがかった車がその急に飛び出してきた車をよけようとして急停車し、止まれなかった後ろの車が次々に衝突する玉突き事故になった。

これを見せた後、半数の人たちには、

「停止標識で止まらずに走っていったときのスピードはどのくらいでしたか？」

と尋ねた。残りの半数の人たちには、停止標識のことには触れずに、

「右折したときのスピードはどのくらいでしたか？」

と尋ねた。

最後に、停止標識を見たかどうかを尋ねた。すると、質問で停止標識に触れた場合には五三パーセントが「見た」と答えたのに対して、触れなかった場合は「見た」と答えた者は三五パーセントしかいなかった。

出来事にしろ、モノにしろ、見たときに記憶が固定されるのであれば、事後の質問の仕方で見たかどうかが違ってくるはずはない。見た後の質問の仕方によって、停止標識を見たかどうかが左右されるという結果は、まさに想起する時点で記憶が再構成されることを示すものといえるだろう。

交通事故に関連して、車をはじめ交通事故のフィルムに出てきたものの色を想起させる実験も行なわれている。それは、歩行者を巻き添えにしてしまう車の事故で、つぎのようなものだった。歩道に沿って走っていた赤のダットサンが、右折しようとして横断歩道を渡っている歩行者をはねてしまう。そこに緑色の車が通りかかるが、停止せずに通り過ぎてしまう。すぐにパトカーが到着し、警官がはねられた歩行者を助けていると、ダットサンに乗っていた人の一人が車から走り出てきて、警官の手助けをする。

このフィルムを見せた直後に、さまざまな質問をしたが、半数の人たちには、終わりのほうの質問で、事故現場を通りかかりながら無視して通り過ぎた車は青色の車だったと故意に間違った表現が使われた。残りの半数の人たちには、色に関する記述は含まれなかった。質問に答え終わると、フィルムに出てきたいくつかのものの色について、最も近いと思われるものを色紙で構成された色環から選ぶ色の再認テストが行なわれた。

その結果、通り過ぎた車の色については、誤情報を与えられなかった場合はほぼ正しく「緑」を選んだのに対して、「青」という誤情報を事後の質問でさりげなく吹き込まれた場合は、「緑」ではなく「青か青緑」を選ぶ傾向が見られた。

実際に見た車の色は「緑」であったのに、見た後の質問で「青」という偽情報を吹き込まれたせいで、記憶の中の「緑」に知識としての「青」が混ざり、後に思い出す際に青っぽい色が想起されるというわけだ。

このような結果も、出来事を見たときに記憶が固定され、後にそのコピーを引き出すというのではなく、事後情報によって記憶が作り直される、つまり、再構成されることの証拠と言える。

質問の仕方次第で記憶は誘導できる

事後の質問の言葉遣いによって思い出す車のスピードが違ってくるということも、心理実験によって証明されている。

車の衝突事故のフィルムを見せた後で、その事故に関する一連の質問をした。その中に、衝突した車のスピードについての質問が含まれていた。その質問については、次のような五つのバージョンが用意された。

「ぶつかって、ぺしゃんこになったときのスピードは?」
「激しくぶつかったときのスピードは?」
「どしんとぶつかったときのスピードは?」

「ぶつかったときのスピードは？」

「接触したときのスピードは？」

つまり、言葉遣いによって連想する事故の激しさが異なるように操作したのだ。

その結果、表現の仕方によって推定されたスピードが違ってくることが示された。衝突時の推定速度は、「ぺしゃんこになったとき」と尋ねられた場合に最も速く、「激しくぶつかったとき」とか「どしんとぶつかったとき」と尋ねられた場合も、それに次いで速く推定された。それに対して、単に「ぶつかったとき」と尋ねられた場合はやや遅く推定され、「接触したとき」と尋ねられた場合には最も遅く推定された。

同じ事故を見ながら、事後の質問において、「ぺしゃんこになった」のようにいかにも激しい事故を連想させる言葉遣いを用いると速く推定され、「接触した」のようにちょっとした軽い事故を連想させる言葉遣いを用いると遅く推定される。

事後の質問の仕方によって、はっきり見たはずの人数が違ってくることも、心理実験によって示されている。それは、今や懐かしい学園闘争の場面をフィルムで見せ、あとでその内容についての質問をするというものだった。

そのフィルムでは、授業中の教室に八人の学生が乱入し、乱闘事件になった。見せた後

で、半数の人たちには、

「教室に乱入した四人のデモ隊のリーダーは男性でしたか？」

という質問をした。残りの半数の人たちには、

「教室に乱入した一二人のデモ隊のリーダーは男性でしたか？」

と質問した。人数に焦点づけると、

「なんか人数が違うみたいだけど……」

といった思いが意識されるだろうから、リーダーの性別に意識を集中させて、人数はさりげなくほのめかすというやり方がとられた。

それから一週間後に、一連の質問とともに、

「教室に乱入したデモ学生は何人でしたか？」

と尋ねた。

その回答には、一週間前の質問の影響が鮮明に刻印されていた。つまり、一週間前の質問の中で、「四人」という言葉をさりげなく吹き込まれた場合の平均人数は六・四人だったのに対して、「一二人」という言葉をさりげなく吹き込まれた場合の平均人数は八・九人となった。実際に見たよりも少ない人数をほのめかされた場合は実際より少ない人数

が、多い人数をほのめかされた場合は実際より多い人数が想起されたのだ。これも、見た後でほのめかされた人数によって記憶している人数が変わるというのであるから、記憶が想起する時点で再構成されることの証拠となっている。

事後の質問の仕方によって、実際には見ていないはずのものを「見た」と思い込むような記憶の変容が起こることも、心理実験によって示されている。

田舎道を白いスポーツカーが走っているというフィルムを見せた後、その車のスピードを推定させる。その際に半数の人たちには、

「田舎道を走っていた白いスポーツカーが納屋の前を通過したときのスピードはどのくらいでしたか？」

と尋ね、残りの半数には「納屋の前を通過」という文句は入れずに、

「田舎道を走っていた白いスポーツカーのスピードはどのくらいでしたか？」

と尋ねた。その後で、フィルムで「納屋」を見たかどうかを尋ねた。

結果を見ると、誘導質問を受けなかった場合は「納屋を見た」と答えたのはわずか三パーセントにすぎないのに、誘導質問を受けた場合は一七パーセントが「納屋を見た」と答えたのだ。納屋は実際にはフィルムに映っていなかった。

にもかかわらず、納屋があったのを前提とした質問を、フィルムを見た後に受けることによって、「納屋を見た」と思い込む人の比率が大きく跳ね上がるのである。

情報源は意外に覚えていない

なぜ目撃証言が、事後情報によって、これほどまでに劇的に変わってしまうのか。その理由のひとつとして、ソースモニタリングの困難さがあげられる。異なった情報源から仕入れた記憶を混同することが、目撃証言において事後情報による誘導を可能とするのである。

ソースモニタリングとは、自分の持っている情報をどこから入手したかをしっかり把握することを指す。たとえば、先の実験であれば、「青い車」という情報を「フィルムを見ることで入手した」のか「見た後の質問者の言葉によって入手した」のか、「納屋」という情報を「フィルムを見ることで入手した」のか「見た後の質問者の言葉によって入手した」のかということを、ちゃんと覚えているかどうかということである。ソースモニタリングが混乱することによって、見たはずの車の色を違うふうに思い出したり、実際には見ていないはずのものを見たつもりになって思い出したりしてしまうのだ。

記憶は辻褄を合わせる方向に向かう

事件に関する目撃証言の事情聴取というのは、最初の聞き込みの段階から供述を正式に取る段階まで、ときには公判での証言に至るまで、何度も繰り返されることになる。そして、目撃証言は、最終段階の供述ほどまとまりのあるもの、他の証拠や証言と辻褄の合うものになっているのがふつうである。

それはそうだろうと思われるかもしれないが、はたしてそれは正しいことなのだろうか。そこでは、事後情報が入ってくることによって、実際の体験とは異なる要素が記憶の中に注入されるということが生じているのではないか。

最初の証言ほど、捜査官の仮説やマスコミ報道による情報の影響を受けていないもの、生の経験に近いものであるはずだ。後の証言ほどまとまりがあって他の証拠や証言と辻褄が合うということは、繰り返される事情聴取の中で取調官の言葉に誘導されて、記憶が捜査側に都合の良い方向に変容したことの証拠とも言えるのではないだろうか。そこで起こっているのは、やはりソースモニタリングの混乱なのかもしれない。

記憶の歪《ゆが》みを防ぐには、情報源をはっきりさせておく

認知心理学者リンゼイとジョンソンは、ソースモニタリング・テストを考案して、事後情報効果についての検討を行なっている。ソースモニタリング・テストでは、絵とテキストとなる文章の両方を見せた後で、いくつかのモノに関して、「絵の中にだけあった」「テキストにだけあった」「絵とテキストの両方にあった」「テキストの両方になかった」という四つの選択肢から選ばせた。

その結果、ソースモニタリング・テストを併用した場合には、事後情報効果が起こらないことがわかった。個々の情報に関してその情報源をはっきりさせれば、事後情報による記憶の変容が防げるというわけだ。これにより、個々の情報に関して、それが何によって得られたものであるかをしっかり意識することで、事後情報効果による記憶の歪みを防ぐことができることが証明された。

自分の持っている情報についてそれを入手した情報源を明確にしておくことが大事だということはよくわかる。だが、そんなことは可能だろうか。僕自身、人と話していて、何か言おうとしたとき、

「あっ、この話はだれから聞いたんだっけ？」

と自問自答しつつ、一瞬ためらうことがある。

目の前の友人から以前に聞いたのかもしれないといった思いがふと頭をよぎるからだ。というのは、友人や知人が、僕が以前に話したはずのことを、いかにも教えてあげるといった感じで得意げに話すという場面を、幾度となく経験しているからだ。

そのような場合、相手の記憶の中では、情報源の混同が生じていることになる。僕から聞いたのに、他の誰かから、あるいはテレビや新聞から仕入れた情報だと信じ込んでいる。

情報の内容はインパクトがあるから印象に残ってはいても、それをどこでどのように仕入れたのかという情報源についての印象は薄れてしまいがちだ。

スリーパー効果——信憑《しんぴょう》性が高いと説得の効果も高まる

これに関連して思い出されるのは、説得の心理学で証明された「スリーパー効果」である。スリーパー効果とは、聞いた当初はあまり説得力がなかったメッセージが、しばらく経って、つまりだれから聞いたのか何で読んだのか忘れてしまったころになって、説得力を持つようになるというものだ。

これを証明した心理実験がある。

最初に、各実験参加者にあるテーマについて意見を求める。その後で、そのテーマに関して極端な意見を主張している説得文を読ませるのだが、その説得文には出所が銘記されており、内容は同じなのだが、半数の人たちはあまり信用できない雑誌からとったものと思い込まされ、残りの半数の人たちは権威ある科学雑誌からとったものと思い込まされた。説得文を読んだ後で、再び各自の意見を求める。そして、説得文を読む前と読んだ後で意見がどう変わったかを調べるというものである。

結果をみると、説得文に関して、信憑性の低い情報源によるものと思い込まされた人では六パーセントしか説得方向への意見変化はみられなかったのに対して、信憑性の高い情報源によるものと思い込まされた人では二三パーセントも説得方向への意見変化がみられた。情報源をどう評価するかで意見が変わる比率に四倍もの開きが出たのだ。だが、これはけっして意外な結果ではない。情報源の信頼性の高さが説得力をもたらすということを示す、ごく当然の結果と言える。

ところが、四週間後に再び同じテーマについて意見を求めたところ、非常におもしろい結果が得られた。四週間前に説得文を読んだ際に、どちらの情報源によるものと思い込まされたかによる意見の違いが、ここでは消えてしまったのだ。信憑性の低い情報源によると思い込まされた人では、説得文の影響を受けて意見を変化させた率は、直後の六パーセントから四週間後の一三パーセントへと上昇した。

一方、信憑性の高い情報源によると思い込まされた人では、読んだ直後は二三パーセントが説得文の影響を受けて意見を変化させたのに、四週間後に影響を受けていた人の比率は一三パーセントに低下していた。

つまり、信憑性の低い情報源によると思い込まされた場合は、時とともに説得効果が増大し、反対に信憑性の高い情報源によると思い込まされた場合は、時とともに説得効果が減退していったのである。これは、説得内容のほうが情報源よりも強く印象に残るために生じた現象と言えるだろう。

ある情報を得て、それが信憑性の低い情報源によるものと思えば信用しないが、しだいに情報源についての記憶が薄れていき、いつのまにかその情報を信じ込むようになる。そんなことが実際に起こるというわけだ。たしかに、この話はA君から聞いたから確かだろう、B君から聞いたからちょっと当てにならないなあ、堅い新聞で読んだ記事だから信用していいだろう、スポーツ新聞で読んだ記事だからいい加減なものかもしれない、といった具合に、はじめのうちは情報源と結びつけて知識が整理できていても、しだいに情報源があやふやになるにつれて、知識の混乱が生じてしまう。

この記憶は「いつ、どこで」得たものなのか

これを目撃証言に当てはめるとこうなる。目撃者自身が持っている視覚イメージや聴覚イメージが、目撃した時点で自分自身で得たものなのか、事情聴取の際に取調官とのやりとりを繰り返すことで生み出されたものなのかが混同されるのだ。

目撃者自身、自分の証言内容がオリジナルなものだったのか、事情聴取の際に吹き込まれたことの影響を受けたものなのか、はっきりと区別できないということが起こり得る。

海外の事例だが、ある鉄道駅の改札係が強盗に遭い、面通しによってある人物をそのときの犯人であると識別した。ところが、その人物には完璧なアリバイがあった。つまり、人違いだったのだ。その人物は、その改札を何度か利用したことがあったため、改札係の被害者は、面通しのとき、

「この人は見たことがある」

と思い、犯人に違いないと思い込んでしまったようである。

「見たことのある顔だ」

というのと、

「あのとき、あの場所で見た顔だ」

というのとでは、犯罪捜査にとってもつ意味は、まったく違ってしまう。いつどこで見たのかが非常に重要となる。しかし、「見た顔だ」という判断はできても、「いつ、どこで」という情報源がわからないということが、しばしば起こりがちである。僕たちの記憶のメカニズムには、どうもそのような性質があるようなのだ。


交通事故をはじめ何らかの事故や事件の際には、目撃者があればその証言をとるのが鉄則である。しかし、その際にどのように訊くかが目撃者の想起内容を左右することがわかった。事情聴取する側の先入観によって訊き方が違ってくる可能性は十分にある。そうなると、目撃者の証言内容が誘導されてしまう。警察の取り調べなどでは、強烈な先入観のもとに事情聴取が行なわれることが多いと思われる。そこで得られた目撃証言には、取調官の先入観に沿って生み出された歪みが混入しているものとみなすべきだろう。

事情聴取の際の質問の仕方については、今後さまざまな検討を行ない、モデルを確立する必要があるだろう。と同時に、目撃証言を取り扱う際には、その証言がどのようなやりとりを通して得られたものであるかを込みにして、慎重に評価しなければならない。

4 記憶の再生量に影響する諸要因

強い情動を喚起されると記憶は正確さを失う

目撃証言に強く影響するとされているものに、情動反応の喚起がある。目撃時に情動反応を強く喚起されると記憶に関係する情報処理能力が低下するというものだ。となると、暴力場面や残虐な場面などでは、目撃者の証言能力は低下すると予想される。

実際、暴力的刺激が増すと目撃情報の再生量も正確さも低下することが、多くの心理実験により証明されている。代表的な実験をいくつかみてみよう。

暴力場面や残虐な場面による情動喚起が目撃証言に及ぼす影響を見るために、銀行強盗のフィルムを使った実験がある。フィルムの冒頭で、強盗が銀行員を銃で脅して現金を奪い、逃走する。強盗が逃走した後、銀行員が「強盗だ、現金を奪われた」と叫ぶ。すると、二人の男性が強盗を追いかける。強盗を追っていくと駐車場に出る。そこでは二人の少年が遊んでいる。ここから、二種類のバージョンが用意されている。

凶暴条件では、駐車場に行くと、強盗は逃走用の車に向かって走りながら、振り向きざまに追いかけてきた二人の男性たちに向かって発砲する。その弾が不幸にも遊んでいた少年の一人の顔に当たり、その少年は顔に手を当てて倒れる。

非凶暴条件は、強盗が駐車場に出ると二人の少年が遊んでいるという場面までは同じだが、その後は再び銀行の場面になり、マネージャーが周囲の行員や客に対して状況を説明し、その場を落ち着かせるというものだった。

フィルムを見せた後で、フィルムで見たことに関して、一連の質問に答えてもらうのだが、最後の質問は、駐車場で遊んでいた少年の着ていたジャージの背番号が何番だったかというものだった。正しく思い出せた人の割合は、非凶暴条件では二八パーセントだったのに対して、凶暴条件では四パーセントにすぎなかった。

強盗場面と道を尋ねる場面を設定して、暴力場面による情動喚起が目撃証言に与える影響を検討した実験もある。

暴力条件のフィルムは、ある男性が一人の女性に暴行を加えてハンドバッグを奪い去るというものであった。非暴力条件のフィルムは、ある男性が女性に道を尋ねるというものであった。どちらかのフィルムを見せた後、登場人物の男性の年齢や身長などの特徴を答えてもらった。

その結果、非暴力条件の目撃者のほうが正確に覚えていることが確認された。さらに、登場した男性を複数の写真の中から選ばせたところ、非暴力条件の目撃者のほうが正確に識別できることが示された。

子どもや高齢者の記憶には要注意

目撃者自身の特性に関する要因の影響も指摘されている。その代表的なものが、子どもや高齢者の目撃証言はあまりあてにならないというものだ。これはいったいほんとうなのだろうか。経験的には納得できる見解ではある。実際にその課題に取り組んださまざまな心理実験をみると、やはり子どもや高齢者による目撃証言の信憑性は低いと言わざるを得ないようだ。いくつかの心理実験をみてみよう。

五歳の幼稚園児に泥棒のフィルムを見せた後で、何人かの顔を見せて犯人を選ばせるという実験がある。それによると、選択肢の写真の中に犯人が含まれていない場合でも、そのうちのだれかを犯人と判断する間違いが多いことが示された。正しい選択肢がないにもかかわらずどれかを選んでしまうという誤りは、幼児のみならず高齢者にも多いことが確認されている。

児童から青年期はじめの年代を対象に、自転車泥棒のフィルムを見せるという実験もある。フィルムを見せた後で、いくつかの写真の中から犯人を選ばせるのだが、その中に犯人が含まれている場合と含まれていない場合の二条件が設定された。

犯人が含まれている場合には、六〇パーセント以上が正解だったが、年齢差はみられなかった。過半数が正解というと、あたかもよい結果のように思われるかもしれないが、犯人の写真が目の前にありながら、「わかりません」と証言するか、別の写真を選んで「この人が犯人です」と証言する目撃者が四割もいるのである。これは、怖ろしいことなのではないだろうか。

一方、犯人が含まれていない場合は、正答率にはかなりの年齢差がみられた。「この中には犯人はいません」という判断が正解なのだが、正答率は、八～九歳で一五パーセント、一〇～一一歳で三九パーセント、一二～一四歳で五八パーセントとなった。小学校低学年の子どもの正答率はかなり低く、写真の中に犯人がいなくても、ほとんどの者が違う人物を犯人と判断してしまうようである。正答率は年齢とともに急上昇し、中学生の年齢になると過半数が正しい判断ができるようになるようだ。

成人期から老年期を対象とした実験からは、顔の識別の正確さが年齢とともに低下することが示されている。高齢者は、目撃証言をする際に、面接者の質問に誘導されやすいことも指摘されている。

その理由として、ソースモニタリングに関わる記憶能力が高齢になると低下するということがあるのではないかと推測される。というのは、日常生活の場面で高齢者と喋っていると、「だれから聞いたのかよくわからない」「どこで見たのか思い出せない」「何で読んだのか覚えていない」というような発言がしばしばあるからだ。内容は覚えているけれども、情報源は思い出せないというのである。

これに関する心理実験もいろいろと行なわれている。

実験者とのやりとりをしてから一週間後に面接をして、一週間前に覚えた事柄について、その情報源を答えてもらうという実験がある。その結果から、知識として覚えている個々の事実が、実験中に得られたものなのか、テレビから得られたものなのか、新聞から得られたものなのかというように、情報源を思い出す能力に関しては、高齢者は若い成人より劣っていた。

別の実験では、高齢者が、自分が実際に言った言葉と言っているのを想像しただけの言葉の区別をし損《そこ》なったり、Aさんが言った言葉とBさんが言った言葉とを混同したりしやすいことが示された。

このように、高齢者では、だれが言ったのか、何で読んだのかなど情報源を特定化する能力の衰えがみられたり、自分が実際に言ったことと想像したことをしっかり区別する能力の衰えがみられたりするのだ。また、幼児や児童の目撃証言もかなり怪しいことがわかった。そうなると、子どもや高齢者の目撃証言に関しては、よほど慎重にしないと誤りを犯すことになってしまうので、要注意である。

記憶の再生を妨げる要因　①凶器

その他にも目撃証言に影響する要因としていろいろなものがあげられる。

興味深いのは、凶器注目仮説である。これは、凶器があると、目撃者の注意が凶器のほうに引きつけられるため、その他の刺激、たとえば犯人の顔とか行動に対する注意がおろそかになって、証言能力が低下するというものである。

そのことを確認するための心理実験もいろいろ行なわれているが、強盗事件を演出したビデオを見せるのがその典型である。

たとえば、スーパーのレジでの強盗事件を演じた映像を使って、強盗犯が店員に拳銃を向けている場面を見せる場合と、小切手を手渡す場面を見せる場合を比較した実験がある。凝視する回数と時間を比較したところ、拳銃は三・八回、二四二ミリ秒、小切手は二・四回、二〇〇ミリ秒となり、凝視回数も凝視時間も小切手より拳銃のほうが多かった。犯人識別率は、拳銃条件では一五パーセント、小切手条件では三五パーセントとなり、小切手条件のほうがはるかに成績がよかった。

簡潔に言えば、拳銃条件では、目撃者の注意が拳銃に向いてしまうため、犯人の特徴をしっかり記憶することができなかったということだろう。

強盗事件を演じた映像を用いた別の実験では、犯人は拳銃を持っている。半数の人は、強盗が拳銃を出して振り回している映像を見せられる。残りの半数の人は、強盗が拳銃を上着の下に隠し持っている映像を見せられる。それらの映像を見た後、ラインナップ（面通し、つまり実際の人物を見せて、目撃者に犯人を識別させる手続き）で犯人の識別をさせたところ、拳銃を隠していた映像を見た場合は四六パーセントが正しい判断をしたのに対して、拳銃を振り回している映像を見た場合は二六パーセントしか正しい判断ができなかった。

やはり、拳銃に注意が向けられると犯人を正確に見分けられなくなることがわかる。他にも多くの実験が行なわれているが、一貫して凶器が見える条件で犯人識別力の低下が見られる。

右にあげた二つの実験を見ればわかるように、凶器が見えない条件でも、目撃者の犯人識別率は四〇パーセント前後というようにけっして高くない。つまり、半数以上の目撃者は犯人を正しく識別できない。それが、凶器が見えることで、犯人識別力がさらに半分くらいの比率に落ち込む。もともと目撃証言は単純に信用するのは危険なのだが、凶器が絡む事件の場合は、さらに慎重に目撃証言の信憑性を試さなければならないといえる。

記憶の再生を妨げる要因 ②アルコール

アルコールが目撃証言に与える影響についても、目撃者のアルコールの飲用がその証言の信頼性を損ねるという指摘がある。これは、きわめて常識的な見解であろう。

これについてはいろいろな心理実験が行なわれているが、どれをみてもアルコールを飲用した目撃者より飲用していない目撃者のほうが、その証言には誤りが少ないという結果となっている。

たとえば、アルコールを飲用して酔っぱらっている目撃者とアルコールを飲用していない目撃者の二グループに分け、窃盗を演じている場面に遭遇させるという心理実験がある。その直後に両グループから数名ずつ選んで面接をして、目撃したことについて思い出すことを報告してもらい、その他の人たちには帰ってもらった。

両グループを比較すると、思い出す情報量に明らかな差があり、アルコールを飲用しているほうが思い出す情報量は少なかった。さらに一週間後に全員に面接をして思い出すことを報告してもらい、ラインナップ（面通し）による犯人識別もしてもらった。その結果、酔いからさめても、目撃時にアルコールを飲用していたグループのほうが思い出す情報量が少ないことがわかった。そして、犯人を含まないラインナップを用いた場合に、目撃時にアルコールを飲用していたグループのほうがだれかを犯人として選んでしまう誤りが多いことがわかった。

事件当時にアルコールを飲用していた目撃者による証言は、あまりあてにならないというわけだ。アルコールの効果は本人の自覚している以上のものがあるのは確かだ。飲み過ぎて酔ってから自分の言ったことやしたことをよく覚えていないということもあるだろう。だが、そこまで酔っていない場合でも、意外にアルコールは効果を発揮しているということを忘れてはならない。

そういえば、僕が学生のころ、インベーダーゲームとかパックマンが流行っており、僕もときどきやっていた。あるとき、軽く飲んだ後、友だちと一緒にゲームセンターに行ったときのことだ。自分では酔っていないから影響はないはずだと思っていたのだが、思いがけず成績は最悪だった。

なぜかうっかりしたミスが多く、「どうしたんだろう」と思い、もう一度やってみたが結果はやはり同じだった。自分ではいつも通りふつうの状態を保っているつもりでも反射神経や判断力が鈍っているんだとようやく気づき、アルコールの威力に改めて感心したものだった。

記憶の再生を妨げる要因 ③モンタージュ

顔の識別の難しさ自体についても、いくつかの指摘がなされている。前にも書いたように、僕みたいな感覚機能に弱点を持つ人間は言うに及ばず、一般に人の顔を見るときは全体的なまとまりとして知覚する傾向がある。全体としての顔の雰囲気を記憶してはいても、個々の部分に分解して記憶しているわけではないだろう。

したがって、モンタージュ写真の類を持ち出され、眉毛はどんな形だったか、目玉の色はどうだったか、目の周りはどんなだったか、鼻の形はどうだったか、唇はどうだったか、顎の輪郭はどうだったかなどと聞かれても、全体的な印象でしか記憶していないため、判断に困ってしまうのがふつうなのではないか。

その意味では、個々の顔の構成要素ごとに思い出させながら最適のものをそれぞれ選び出し、全体としての顔を構成していくというやり方には限界があると言えるだろう。自分が選んだ個々の素材を組み合わせてみると、全然印象の違う顔になってしまう、といったことにもなりかねない。

しかし、全体の印象から迫ると言っても、よほど絵の上手な目撃者でないかぎり、自分の中にある漠然とした顔のイメージを描き出すなどというのは無理だろう。ゆえに、モンタージュ写真などの構成過程には慎重さが求められるし、できあがった写真を利用する際にも、他の手がかりとの併用などの工夫が大切である。

確信度についても、それが必ずしも正確さを反映するものではないとの指摘がある。

犯人識別に対する目撃者自身の確信度とその識別の正確さとの間の相関は低いという結

果を示す心理実験の結果もあり、目撃者が自信をもって、
「この人が犯人に間違いありません」
と証言したとしても、それが正しいとみなすことには慎重でなければならないだろう。

繰り返し話していると、記憶は強化されてしまう

同じ経験や記憶を繰り返し話していると、そのイメージが頭の中にしっかり焼き付いて、いつでも簡単に思い出せるようになる。このことを応用して、証言の繰り返しと確信度の関係を検討した心理実験がある。

その実験では、学生たちにある事件の実演を見せた後、その目撃した事柄についていろいろな質問をした。その質問面接を、毎週一回ずつ五週間で計五回行なうという条件と、五日間で三回行なうという条件を設定した。その都度、いくつかの事物について、目撃したかどうかをしっかり回想しながら答えるように求めた。

その結果、どちらの条件であっても、回想しながら証言するということを繰り返していくうちに、自分の証言に対する確信度が増していくことがわかった。正確さについては何の変化もみられなかった。とくに、誤った回答に対する確信度の上昇が目立った。誤答の

場合、はじめのうちはあやふやで自信がないのだが、回想と証言を繰り返しているうちに、そのイメージが容易に浮かぶようになるため、しだいに確信度が増すのではないかと思われる。繰り返しによるイメージの定着が、偽の記憶の植えつけをもたらすということの端的な例といえるだろう。

そうなると、目撃者に繰り返し尋ねるということは、捜査上どうしても避けられないことなのかもしれないが、それは非常に危険なことなのだと考えざるを得ない。

実際の事件でも、確信をもって証言した目撃者の識別が、実は誤りだったというケースも、けっして珍しいことではないようだ。

目撃証言の誤りを典型的に示す事例として、弘前大学教授夫人殺人事件というのがある。これは、一九四九年の真夏の夜、娘と、たまたま遊びに来ていた実母と、三人で蚊帳の中で寝ていた美人として知られる弘前大学医学部教授の妻が、頸部を刺されて殺害された事件である。事件当時、夫は仕事のため不在だった。

この事件で逮捕された容疑者は、当初から一貫して無実を主張しつづけた。一審では証拠不十分として無罪となるが、二審では懲役一五年の逆転有罪判決が出て、最高裁の上告棄却により刑が確定し、服役した。

一〇年間の服役を経て仮釈放されたが、それから七年後に真犯人が名乗り出た。それに基づいて再審請求がなされ、一度は棄却されたものの、再度再審請求がなされ、ついに一九七七年、犯人として服役までさせられた無実の容疑者は、事件発生そして逮捕から二八年も経ってから、ようやく無罪判決を勝ち取ることができたのだ。

有罪とされたときの決め手となったのは、容疑者のシャツの血痕、精神鑑定書、そして目撃証言だった。

シャツの血痕は、最初の鑑定では鑑定する必要のないほど古い疵痕があるだけとされたが、なぜか二審の際には血液型を特定するに十分な量の血液が付着しており、鑑定の結果被害者のものと一致するとされた。これに関しては、再審においては、警察が事件後に人為的に付着させ捏造したものとみなされた。

精神鑑定書には、精神分析の権威により、被疑者は表面柔和に見えるが、無意識には残忍性、サディズム傾向を抱えている、女性に対する興味も人一倍強く、それを抑圧して表面的には謹厳な人と見えるものの、その深層には女性に対する強い興味が鬱積していたとみるべきである、などと記されていた。

ここで指摘されている無意識層の様相は、女性を刺した人物ということを前提として推論されたものとしか思われない。これに関しても、再審においては、全般的に独自の推理、偏見、独断が目立ち、鑑定の科学的領域を逸脱しており、証拠価値は認められないとみなされた。

目撃証言は、事件発生時に被害者の傍にいて、犯人の横顔をしっかり見たという被害者の母親によるものが、容疑者を有罪とみなすに際して重要な証拠となった。被害者の母親は、蚊帳の中で寝ていた被害者を刃物で突き刺した犯人の横顔と、逃走する際の後ろ姿を目撃したという。その母親は、

「そのとき見た犯人は、被告人に違いない……犯人は被告人に間違いないと確信している。面通しで見たときには、被告人が当時見た犯人とまったく同じであり、卒倒するように感じたほどであった」

と確信をもって証言している（渡部保夫『無罪の発見』勁草書房　１９９２　より）。

ところが、その後、真犯人が見つかり、容疑者は無実であることが判明したわけである。目撃者があれほど確信をもって証言したにもかかわらず、その識別は間違っていたのだ。

ここから言えるのは、目撃者が確信をもって証言すると、どうしてもそれを信じてしま

いがちだが、それは非常に危険な態度だということだ。故意に嘘を言っているのでなく、本人も信じ込んでいる場合は、誤った判断であっても自信たっぷりに証言するものだ。したがって、目撃者がどんなに自信たっぷりに証言したとしても、それを鵜呑みにすることなく、他の証拠と照らし合わせて判断することが大切だといえる。

時間とともに記憶は薄れていく

記憶の保持時間に関連して、記憶はしだいに薄れていくものであるから、四カ月以上経ってからの目撃証言はあまりあてにならないとの指摘もある。

そのことを検証した心理実験もある。それによると、事件を目撃してから一週間後、一カ月後、三カ月後、そして一一カ月後に、犯人識別をさせて、その正確さを比較している。結果をみると、識別の正解率は、一週間後は六五パーセント、一カ月後は五五パーセント、三カ月後は五〇パーセント、そして一一カ月後は一〇パーセントとなっており、時間の経過とともに識別の正解率は直線的に低下することが確認された。

この文を書いたのがきっかけで、今数カ月前の記憶を振り返ってみたのだが、あまりの記憶痕跡の薄れに情けなくなってきた。四カ月以上前と言わず、もっと最近のことでも、思い出せないことだらけだ。髪がけっこう鬱陶しくなってきたのだが、前に床屋に行ったのが先月だったか先々月だったか、いつごろだったのかも思い出せない。

最近は一カ月おきくらいに同じグループで何回か飲みに行ったのだが、何回目にだれがいなかったかということがよくわからなくなっている。もっと最近のことでも、先週の曜日ごとに夕食に何を食べたかを思い出そうとしてもまったく思い出せない。

それでも、大変な事件に巻き込まれて、何が何でも思い出さなければならない状況に追い込まれた場合、さまざまな手がかりをもとに必死に連想することで、ある程度は思い出すことができるに違いない。だが、そこには誤った連想や想像が混入し、見当違いな証言をすることになる危険性は十分あると言わざるを得ないのは肝に銘じておこう。

第4章　記憶はどこまで嘘をつくのか

1　誘導され、揺れ動く私たちの記憶

目撃証言には、目撃した時点で刻まれる記憶だけでなく、その後に入ってきた情報によって変容させられた部分も含まれていることがわかった。

その事後情報だが、

「こんな情報が寄せられているのですが、どうでしたか？」

「こんな目撃情報があるのですが、あなたも見ませんでしたか？」

といった具合に直接的に与えられる場合もある。

しかし、そのようなあからさまなものばかりでなく、事情聴取の際のやりとりを通して、双方の意識しないところで事後情報による記憶の歪曲が行なわれる場合もある。

序章でも簡単に触れた甲山《かぶとやま》事件では、知的障害児施設で二人の園児が相次いで行方不明となったが、ともに園内のトイレの浄化槽の中から遺体で見つかった。容疑者とされた保母は、過酷な取り調べに絶望して、とうとう「自分がやった」と自白してしまう。しかし、その自白内容には、犯人にしかわからないような「秘密の暴露」と言えるようなもの

はなく、非常に概括的なもので、具体性や迫真性に欠け、内容の乏しいものであったという。実際に経験がなく記憶していないことを無理に話そうとすると、そのような空疎な語りになるとも考えられる。

さらに疑わしいのは犯行の動機の供述だった。一人目の犠牲者である女子園児が浄化槽に転落するのを目撃しながらこれを助けず、自分の責任を問われるのを恐れて蓋をしてしまったため、その責任をカモフラージュするために男子園児を殺害したというものだ。容疑者は、女子園児が転落したときにその現場にいなかったと推定されているし、理屈としても納得しにくい動機となっている。

そもそも嫌疑がかかったのは、一人の園児が、

「○○先生が△△君を連れて行くのを見た」

という証言が得られたのと、遺体発見時や葬儀時に、その保母がひどい錯乱状態に陥ったことだった。だが、その目撃証言自体、いつのことを指すのかがはっきりしなかった。保母が園児を連れて行くのは日常的に見られる光景と言ってよいし、そうなると、その園児の証言についても、事件とは関係なく日常的に経験していることを語っているものだという可能性も否定できない。

実際、供述を分析した心理学者浜田寿美男によれば、最初の供述では連れ出したのが夕方となっており、後に犯行時間帯として推定されることとなった夜の八時前後とは大きくずれていた。連れ出したとき、園児たちは四人でトランプをしていたと言っており、年少児の就寝時刻に事件が起こったという想定との間に矛盾があった。

ところが、その後事情聴取が繰り返されるにつれて、園児の証言も変わっていき、捜査側の仮説に沿うように、フトンに入って目をつぶっているときに保母が男児を連れ出したと言うようになった。

同調の心理や暗示効果が記憶をつくり替えていく

このように目撃証言が聴取者の持つ仮説に寄り添う形で変わっていったことは、目撃証言が聞き手との相互作用を通してつくられ、変容していくことの証拠とも言えるだろう。もともと語りというものは、語り手が一方的に提示するものではなく、聞き手との相互作用を通して、聞き手が納得するような方向に語り、また語り直すというプロセスを経て進行するものと言える。

結局、この事件では、容疑者とされた保母は、証拠不十分で不起訴となった。

ところが三年後、園児たちの新たな目撃証言が決め手となって再び容疑者として逮捕されることとなる。容疑者である保母が犠牲となった男子園児を連れ出すのを見たという証言が、複数の園児たちから相次いで出てきたのである。

この目撃証言の登場は、いかにも怪しげである。何が怪しいかと言えば、事件直後の事情聴取では目撃したといった供述などしていなかったにもかかわらず、三年も経ってから目撃したと言いはじめたことだ。それに対して検察側は、園の指導員たちによる口止めがあったから事件直後には事実を話せなかったのだとしている。だが、口止めがあったとの証拠は何もない。それに、当時の園児たちの供述は、保母が連れ出したという話は含まれていないが、かなり詳細かつ具体的になされており、口止めされている者の供述とは思えない。

このようなあまりに不自然な目撃証言が相次いで出てきた背景として、事件後の報道などから仕入れた情報の影響や取調官とのやりとりの影響が考えられる。事件発生当時初動捜査に関わっていたある検事は、そのあたりの事情について、次のように述べている。

三年後に目撃証言をはじめた園児Ａは、保母が男子園児を非常口から無理やり連れ出す様子を目撃したと供述をした。だが、その園児Ａは、事件直後には事件当日の午後八時ごろに容疑者である保母が男子園児を連れ出した事実はなかったように受け取れる供述をしていたのであった。そこで考えられるのは、園児Aが容疑者である保母が逮捕されたことをテレビなどの報道で知り、他の園児とも話し、さらに警察からいろいろ事情聴取をされるうちに、容疑者である保母が男子園児殺害の犯人であると思い込み、当日の夜に男子園児を連れ出したと想定するようになっていたということだ。

いろいろな情報源から、容疑者である保母の犯行だと思い込むようになった園児Aの中では、その線に沿った記憶の変容が起こっていたと推測される。同様の目撃証言をした他の園児の場合も、記憶の変容を起こしていると考えられる。しかし、結局、被告とされた保母の無罪が確定した。

証人同士が話し合う機会を持つと、確信を持つ者の意見や判断が他の証人たちに影響し、証言が一致するようになるとの指摘がある。そこには、自分だけが違う判断をするような事態は避けたいといった同調の心理が働いたり、みんなの話を聞いているうちにそんな気がしてくるという暗示効果が働いたりしていると考えられる。

そうなると、複数の目撃証言が一致したからといって、それが正しい判断だと信用するわけにもいかない。

右の例でも、警察の取り調べに誘導されたという要因だけでなく、園児たちの間で事件について話す機会が何度もあったはずで、それが一致した証言の形成につながったというような事情もあったのではないかと考えられる。

記憶を誘導するメカニズムを解明する

目撃証言が取調官の持つ仮説に誘導されるメカニズムを解明すべく、この事件を模した心理実験も行なわれている。それは、次のようなものである。

ある幼稚園で、その日たまたま幼稚園にやってきたA君が、園児たちとビデオを見ている間にいなくなるという出来事を演出した。その後、その出来事の経緯を知らない大学生たちに、園児からの証言をとらせた。事情聴取の役割を担う大学生たちには、A君を連れて行ったのはB君だったとの偽情報を与えておいた。

実は、B君はその日に限って朝から来ておらず、A君がいなくなる出来事の後で幼稚園に来たのだった。だが、事情聴取をする大学生たちは、A君を連れ出したのはB君だとの偽情報を与えられていたため、B君がその日も朝から幼稚園に来ていたものと思い込んでいた。この思い込みの効果と思われるが、A君がいなくなったときのことについて、当初

は、

「B君はいなかった」

と言っていた園児の半数以上が、三回目の事情聴取のときには、

「B君はいた」

と言うようになっていた。事情聴取をする側の予想や期待に誘導されて、目撃証言がその予想や期待に応えるかたちで変容していったのである。

話し合うことのデメリット

先の事例では、園児たちが話したり情報交換したりする機会をごく自然に持ったことの問題点に触れた。複数の目撃者が話し合うことの効果として、自分が目撃した事柄や自分の識別結果に対して、当初は多少の自信のなさがあっても、複数で共有することによって確信度が高まることが予想される。

そのことを示す心理実験もある。目撃したことを、はじめはまず個人で思い出し再生してもらい、その後で二人一組になって共同想起・共同再生をしてもらうというものだ。単独想起の場合も共同想起の場合も、再生したことに対する確信度を尋ねている。

その結果、誤答に対しては、最初の単独想起の際には確信度が低かったのだが、共同想起の後では確信度が高まっていることがわかった。自分一人で考えていたときには自信のなかった記憶でも、人と共有化することによって確信度を高めてしまうということが起こるのだ。これは、ある意味、非常に危険なことと言えるだろう。

集団討議を行なうことによって、個人の意見が集団討議前よりも強固なものになるということも、いくつかの心理実験によって示されている。

少し古いが、フランスで行なわれた実験では、当時のド・ゴール大統領を支持し、反米感情を抱いている学生たちを集めて討論させた後で、個別に意見を求めると、討論する前よりもド・ゴール大統領を支持する気持ちも反米感情も強まっていることが確認された。同じような思いを持つ人間たちが集まると、相互の支持が自分の判断が正しいのだという確信度を高めるとともに、高揚感をもたらすのであろう。

模擬陪審を使った実験では、まず有罪か無罪かについて各陪審員に個別に判断させる。その後に、自分と同じ判断を他の陪審員も持っていることを知ると、その判断をさらに強めることが示された。有罪と判断する場合は、有罪であるとする姿勢をより強く示し、求刑年数も長くなった。他の陪審員も自分と同じ判断をしているということで自信を持つというのはわかるが、それによって求刑年数まで増やしてしまうというのは問題ではないだろうか。

集団のほうが、冒険的な決定の罠にはまりやすい

それで思い出すのが、社会心理学で解明された「リスキー・シフト」という集団心理だ。リスキー・シフトとは、個人でする決断よりも集団でする決断のほうが、大胆でリスキーなものになりがちな傾向を指すものである。実際に行なわれた心理実験でも、個人で決断した場合より、集団討議を経た場合のほうが、冒険的な決定になりやすいことが示されている。

そうであれば、三人寄れば文殊の知恵というように、一人で判断するよりも集団討議で決定したほうがよいとは、必ずしも言えないだろう。一人で判断しようという場面では、ある選択をした場合に予想されるプラス面とマイナス面を慎重に比べるということになる。

ところが、集団で話し合う場面では、気が大きくなって、失敗した場合のマイナス面よりも、成功した場合のプラス面にばかり注意を向けやすい。その結果、リスクに対する慎

重さが低下し、冒険的な決断に走りやすい。これが、リスキー・シフトというわけだ。

このような心理傾向は、目撃証言に限らず、さまざまな証拠や証言を根拠に有罪か無罪かを判断する裁判員などにも当てはまるだろう。もちろん、みんなで話し合えば一人で判断するよりも多面的な見方ができるというメリットがあるのは言うまでもない。

しかし、みんなで話し合うことで、慎重さが失われ、当初は自信のなかった判断に確信を持ってしまう危険性があることは、十分認識しておくべきだろう。

2　権威者によるフィードバック効果

質問者あるいは面接者が目撃証言に影響を与えるメカニズムに関しては、次のような心理実験も行なわれている。

まずは、権威者によるフィードバックの効果である。学生にビデオを見せ、権威的な面接官が面接をして、ビデオで見たことについて尋ねる。一連の質問をめぐるやりとりが終わった後で、面接者が学生にフィードバックをする。

そのフィードバックは、

「あなたは望ましい目撃者です」
と肯定的評価を伝えるものと、
「あなたは望ましくない目撃者です」
と否定的評価を伝えるものとの二つが用意された。その後の面接のやりとりをチェックすると、望ましくない目撃者として否定的フィードバックを受けた者は、面接者の誘導質問に沿って目撃証言を変化させる傾向が強まることが確認された。

この実験結果は、自信がぐらついた場合、権威に従って証言を変える可能性を示唆するものといえる。つまり、権威を持つ面接者の見方と矛盾しないように、またその期待を裏切らないように、見たものを見ていないと言ったり、見ていないものを見たと言ったりすることがあり得るというわけだ。

事件が起こった際の警察の取り調べにおいては、取調官は容疑者にとってだけでなく目撃者にとっても権威的存在である。その権威者である取調官の仮説や推測は、事情聴取の際の言葉の端々から読み取れる部分がある。

こんな証拠があがっているとか、こんな証言が他で得られているとか、このような人物が犯人と想定されるとかの捜査情報が、それとなく伝わるようなやりとりもあるかもしれない。そこで、権威である取調官の期待に添った方向へと証言が誘導されていく。そのようなことが実際に起こることは容易に想像がつく。

他人の視線が自分の意識や行動に影響を与える

僕たちは他人の視線に縛られている面がある。人からどう見られているかがまったく気にならない人などいないのではないか。対人不安や対人恐怖といった症状は、そのような人間の本性に根ざした病理ということができるだろう。

他人の視線というのは、僕たちの意識や行動を大きく左右する。たとえば、僕はかなりそそっかしいほうなので、たまに左右別々の靴を履いて出かけてしまうことがある。自分で気づいていない限りは、堂々たる歩き方で大通りを闊歩《かっぽ》するし、地下鉄にも乗る。だが、左右の靴の形が違う、色も左は茶色で右は黒だということに自分で気づいてしまったとたんに、僕の世界は一変する。それまでの穏やかな世界は冷や汗をかくような世界に変わり、ゆったりとした歩き方はぎこちない歩き方に変わる。

地下鉄の座席に座っていても落ち着かない。向かいに座っている人が気づくのではないか、見られたらみっともない、みんな下を見ないでくれ、といった思いに駆られる。自分自身で気づく前は、落ち着いて本を読んでいたのに、字面を目で追っていてもどうにも気が散って頭に入らない。人の視線にはこれほど大きな力があるのである。

無言の同調圧力

他人の視線を気にする性質に由来するもののひとつに、同調傾向がある。自分だけ他の人たちと違うといった状況は耐え難いという心理は、だれにでもあるはずだ。そこで、人に合わせる。

無言の同調圧力については、社会心理学者アッシュによる有名な心理実験がある。それは、線分の長さを判断するという単純なものだ。実験参加者には、二枚のカードが並べて提示される。左側のカードには一本の線分が描かれている。右側のカードには三本の線分が描かれている。そして左側のカードに描かれている線分と同じ長さのものを右側のカードの三本の線分の中から選ばせる。これを何セットも連続して判断させるというものである。

個別にこの課題をやらせたところ、正答率は九九パーセントとなった。つまり、右側の三本のうちどれが左側の線分と同じ長さであるかは、ひと目で明らかなほど簡単な課題だった。

ところが、サクラを使ってわざと誤った回答をさせてみると、回答がぐらつきはじめたのだ。サクラがわざと違う線分を選んだ後で実験の仕掛けを何も知らない参加者が答えるのだが、サクラの人数が三人以上になると、三割以上の参加者がそれにつられて間違った選択肢を選んだ。

線分の長さというはっきりとした物理的判断、しかも個別に行なったら間違いようのない簡単な課題であっても、このように同調による誤判断がなされるのである。ましてや自分の見たときの記憶に自信が持てないときなど、他の目撃者の証言に当然左右されるだろう。自分の記憶に自信があった場合でさえ、他の目撃者の証言と食い違った場合、自信がぐらつき、証言を変えるということも十分起こり得ることを、この実験は示唆している。

裁判員でさえ同調傾向に陥る可能性がある

目撃者だけでなく、裁判員も同様だ。この証言はどの程度信用できるかとか、だれの言うことが正しいかとか、この行為にはどの程度の刑が妥当かなどの微妙な問題にあっては、周囲の人たちの判断への同調心理が作用することは想像に難くない。

そうした同調傾向が証言を誘導することを確認するための心理実験も行なわれている。ある有名な事件についての知識を問うための一連の選択式質問紙への回答を求めるというものである。参加者が質問紙への回答をはじめる前に、他のクラスで同じ調査をしたが、多かった回答を各質問の横に書いておいたと伝えられる。質問ごとに、他のクラスで多く選ばれた選択肢がどれであるかが記されているのだ。

ただし、他のクラスで多かった回答というのは嘘で、実際は実験者が勝手に選んだもので、そこには正しい回答も誤った回答も含まれている。

「多くの人たちはこう答えている」と思い込まされることによる誘導効果を検証しようというわけである。

その結果、参加者の回答は「他のクラスの多数派の回答」に誘導され、それが誤った回答である場合には正答率が低くなることが確認された。

「みんながこのように答えているようだ」

と思うと、本音の部分では、

「自分はちょっと違うと思うのだが……」

といった思いがあっても、ついみんなに合わせて答えてしまう傾向があるようだ。

日本人は、とくに人に合わせる傾向が強いと言われる。アメリカに行くと、防寒コートを着ている人が歩いている傍を、半袖シャツを着た人が歩いている、といった光景も珍しくない。寒いと感じる人は厚着をするし、涼しいと感じる人は薄着をすればよいといった雰囲気がある。だが日本では、自分の肌で感じる温度感覚に合わせるというよりも、周囲の人々の服装に合わせるといった風潮が強いように思われる。

そのような同調を重視する文化に浸っている僕たちは、

「こんな証言がある」

「他の目撃者はこのように言っている」

「関係者の話からすると……」

といった情報にまさに誘導されやすいと考えられる。

どこまでが自分のオリジナルな記憶なのか

これまでいろいろな事例や心理実験で見てきたように、目撃した時点で記憶されたオリジナルの記憶が、事後情報によって変容してしまうということは、どうにも避けられないことのようだ。

事後情報による記憶の変容には、ソースモニタリングの困難さが強く影響しているということもわかった。現場で直接見て仕入れた情報と、事情聴取の際に取調官とのやりとりの中で仕入れた情報が、そのうちにごっちゃになって、取調官の言葉によってイメージした光景を自分が直接目撃した光景と取り違えるという恐るべき記憶の変容が、けっこう容易に起こってしまうのである。

それをできるだけ防ぐには、どの情報はいつ、どこで、だれから得たのかというソースモニタリングをしっかりやっておくことだ。それは非常に困難なことに違いない。ほんの数日前に知ったニュースでも、今改めてその情報源を特定化しようとしても、テレビで見たのか、新聞で読んだのか、インターネットで読んだのか、友だちから聞いたのか、よくわからなかったりする。

先日も、僕が前日の晩のテレビのニュースで知ったばかりのことを友だちに話したら、

「それは、昨日の昼に僕がインターネットでみて、教えてやったことじゃないか」

と言われた。

断じてそれは違う、と僕は信じている。前日に彼とそんな会話をした覚えもないし、夜のテレビニュースで見た記憶が鮮明にあるのだから。

彼は、僕以外のだれかにきっと話したのだろうが、相手を取り違えている。ニュースで知ったばかりのことを僕に教えるというのは、普段から日常的にあることだから、別のニュースの場合と勘違いしているに違いない。

だが、彼の心の世界では、あくまでも僕が勘違いしていることになっているはずだ。逆に、

「お前から聞いたんだぞ」

と僕が言っても、

「そんなことを言った憶えはない。言うわけがないじゃないか」

と言われたりすることもある。

こうした記憶のすれ違いというのは日常茶飯事だ。ソースモニタリングを確実にするように、何をだれから聞いたのかをお互いに毎日きちんと記録しておけば、このようなすれ違いは防げるかもしれない。でも、そんな暇はないし、日々入ってくる情報は無数にあるので、そんなことをしようとしたら気がおかしくなるだろう。現実生活がこなせなくなってしまう。

せめて、何らかの事件の目撃者になった場合には、直接目撃したことと、その後の事情

聴取で言われたこと、それに対して連想したこと、答えたことなどを、きちんとその日のうちに整理し、記録しておくべきだろう。そのときははっきり覚えていたり、区別できたりすることでも、時が経つと入り混じって記憶の変容が自然に起こっていくので、その日のうちに記録するように心がけたい。

心理学的知見は、記憶の裏付けにますます重要となる

目撃者だけではない。目撃証言がどれだけ信頼できるかを評価する立場にある裁判員なども、目撃証言のオリジナルに近いのはどれで、その後捜査仮説に誘導されて変容した跡がここに見られる、というように、事後情報による影響や取調官による誘導の可能性も考慮して判断する心構えが必要だ。

事後情報への警告の効果も実験的に証明されている。目撃情報が事後情報によって誘導されがちであることに注意を喚起しておくと、面接者による誘導への抵抗が高まるということが、明らかになっている。

本書で指摘したり、注意を促したりしたことを、肝に銘じてもらうだけでも、目撃者が取調官や報道情報に誘導されたり、裁判員が目撃証言を無批判に受け入れたりすることを

ある程度は防げるというわけだ。

子どもや高齢者は質問者が内心もっている仮説やその言葉に誘導されやすいことを、第3章で指摘し、それを示す実験も紹介した。海外の動向を見ると、裁判でも心理学の知見が応用されつつある。子どもが親から性的虐待を受けていたという被害供述の信憑性の判断に関して、ドイツ連邦裁判所が下した判決においても、児童は無意識のうちに大人の期待に合わせて自分の記憶に反した供述あるいは客観的な事実に反した供述をする危険があること、質問者からの不適切な情報を自分自身の記憶としてしまった可能性も考えなければならないことなど、心理学の知見を前提とした見解を採用している。

裁判員制度がはじまったばかりの日本でも、今後心理学的知見の役割が増していくだろう。

記憶の再構成説については、第3章で解説した。オリジナルがそのまま保持され、思い出すときにそのまま引き出されるというのでなく、記憶は思い出す時点で、そのときの視点に合わせて作り直されるというものである。容疑者の供述も目撃者の供述も、再構成されている可能性を考慮しつつ、その信憑性を判断しなければならない。

本書では、紙数の問題もあり取り上げる余裕はなかったが、記憶の問題のみならず、犯罪ストーリーの構成に関する問題もある。証拠があるのだから有罪だ、というような無邪気《むじゃき》な見方をしている人も少なくないと思われる。でも、何らかの証拠があるから自動的に有罪となるわけではない。一般に、容疑者に動機があり、犯行に至る行動の流れが証拠立てられ、裁判官にとって納得のいくストーリーが成り立ってはじめて容疑者の罪が問われることになる。

陪審員の意思決定についての研究でも、示された証拠を陪審員が出来事の発端と目的と結果を持つストーリー構造に組織化するという作業を日常的に行なっていることが指摘されている。証拠や証言があるから有罪だというのではなく、証拠や証言を有罪ストーリーの中に織り込むことで、ひとつの説得力ある有罪ストーリーが成立するとき、有罪の判断がなされるのである。

有罪ストーリーにしろ、無罪ストーリーにしろ、この証拠さえあればストーリーに説得力をもたせられるのにとムキになって証拠となりうるものを目の色変えて探す。これは、検察側にとっても、弁護側にとっても、常套手段といえる。逆に、この証拠がストーリー構成の邪魔になるということもある。そこで証拠隠滅などということがなされる場合もあるが、それは不法行為である。通常は、その邪魔になる証拠の無効化を証明する別の証拠を探したり、その証拠を取り入れつつも成立するものへと有罪ストーリーあるいは無罪ストーリーの改訂版をつくったりすることになる。

このように、有罪か無罪か、有罪の場合にどのくらいの刑が妥当なのかといったことは、証拠によって自然に決まるという性質のものではなく、証拠をちりばめつついかに説得力あるストーリーがつくれるかの勝負によって決まるものなのである。

さらに言えば、刑事訴訟法では、事実の認定は証拠によると規定されているが、証拠の認定は何によるのかということも、実は非常に微妙な問題をはらんでいる。物的証拠でさえ、証拠として採用するかどうかが議論になったりする。ましてや証言のように事後情報や質問者によって誘導された可能性のあるものを証拠とする場合、証拠という証言自体が有罪ストーリーによって構成されているということさえあるのだ。

つまり、事実の認定が証拠によって成立しているというよりも、証拠自体が事実認定の方針としての有罪ストーリーによって導かれているということがあり得るというわけだ。

模擬裁判を用いた実験で、窃盗で起訴された被告人に関するいい加減な噂に基づく証言が証拠不採用になった場合の影響を検討したものがある。そこでは、被告人に前科があるとか犯罪にまつわる噂があるなどの証人の証言が、事実に基づいたものでなく、証拠不採用になった場合でも、それらの証言が示されない場合よりも、模擬陪審員が被告を有罪と判断する率が高くなるという結果が得られている。

このことは、事実に基づいた証言ではないと頭では理解しても、判断する際に無意識のうちに影響されていることを裏づけるものといえる。

同じく模擬陪審員実験で、被告人の自白供述が、違法にとられたものと裁判官から判断され、不採用となった場合でも、自白供述がなかった場合よりも、陪審員の有罪判断率が高くなることが示されている。

第2章で取り上げたが、無意識の心理学とも言われる精神分析の基本的考え方の中に、僕たちは自分の行動の動機をすべて知っているわけではないというものがある。意識せずに、つまり無意識のうちに何かの影響を受けていることがある。そのことを意識化するだけで、その影響を免れることができるとして、無意識の意識化を促すのである。

そうした精神分析の原理と同様に、僕たちが被害記憶や加害記憶に苛まれるときや目撃証言を行なうとき、あるいは裁判員として証言の信憑性を評価したり有罪か無罪かの判断を下す場合など、本書で紹介したようなさまざまな要因や心理メカニズムを知っておくことにより、誘導を受けたり誤った判断をしたりする可能性を低めることができると期待される。

本書でもいくつか取り上げたが、冤罪事件の詳細を見てみると、目撃証言や自白の供述の変容に無自覚な検察官や裁判官が、証言や供述を重要な証拠として採用してしまっていることが多いように思われる。つまり、プロの人たちでも間違いを犯してしまうのである。

裁判員の人たちには、目撃証言にしても、自白の供述にしても、そこに事後情報や捜査仮説による誘導の痕跡がみられないかどうかを含めて、批判的な目をもって判断する姿勢が求められる。

あとがき

記憶というのは不思議なものだ。僕の記憶は紛《まぎ》れもなく僕自身のものであるはずなのに、自分の思うようにはならない。記憶の貯蔵庫から必要に応じて引き出せたら便利なのに、なかなかうまい具合にいかない。

どうも記憶は、貯蔵庫におとなしく保存されているような代物ではないらしい。事後にさまざまな経路で流入してくる情報や、思い出そうとする僕自身の心理状態の影響を受けて、刻々と姿を変えていくようなのだ。まるで生き物だ。

そのように変幻自在な記憶であるから、ときに自分の記憶にだまされることもある。本書のタイトル『記憶はウソをつく』には、うっかりすると自分の記憶にだまされるぞ、と警鐘を鳴らす意味合いが込められている。

僕たちは、自分の記憶を前提として、家族や友だちなど身近な人たちと関わり、仕事上の責任を果たし、職場や近隣などさまざまな社会関係を無難にこなしている。しかし、その前提となる記憶に誤りや混乱が生じた場合には、ものごとがスムーズに進行しなくなる。記憶の混乱は、僕たちの日常生活に著しい混乱を引き起こすはずだ。

本書では、冤罪事件に焦点化しつつ、記憶の不思議を追究している。あってはならない冤罪が、現実には数多く存在する。そこに記憶のウソがいかに深くかかわっているかを示そうと試みた。

記憶の植えつけ、想像と現実の混線、無意識への抑圧神話、事後情報による記憶の変容、目撃証言を誤らせる条件、対話の中で誘導され変容する証言や判断など、冤罪事件を生み出すさまざまな要因がある。それらはすべて記憶に絡んだものである。

裁判員制度は、裁判に一般の人々の感覚を導入するためのものとも言われる。冤罪を防ぐという視点からすれば、警察・検察寄りになりがちな裁判を一般人の感覚でチェックする機会が得られたとみなすこともできる。

だが、素人である裁判員は、ともすると専門家である法律家たちの権威に誘導されかねない。目の前の事例を正当に理解し評価するためにも、本書で取り上げたさまざまな記憶の怪しさとその法則、判断の誘導などについて、しっかり理解し、その対処法について真剣に考えてほしい。

僕は、冤罪事件の専門家でもないし、裁判心理学を提唱しようというわけでもない。自己心理学の提唱者として、自己を成り立たせているのが記憶であるため記憶に強い関心を持ち、自伝的記憶についての探究を行なっている。自伝的記憶とは、生まれて以来の自分の来歴を説明する記憶であり、自分が自分であることを保証する記憶である。

記憶の不思議にふれてみたいという人にとっても、心理学的にみた冤罪の実態とその防止について知りたいという人にとっても、いい意味での刺激になればと願っている。

このような機会を与えてくれたフリー編集者初鹿野剛氏および祥伝社新書編集部水無瀬尚氏には、心から感謝の意を表したい。

参考文献

厳島行雄・仲真紀子・原聡　２００３『目撃証言の心理学』北大路書房

榎本博明　１９９８『「自己」の心理学――自分探しへの誘い』サイエンス社

榎本博明　１９９９『〈私〉の心理学的探求――物語としての自己の視点から』有斐閣

榎本博明　２００２『〈ほんとうの自分〉のつくり方――自己物語の心理学』講談社現代新書

太田信夫編　２００６『記憶の心理学と現代社会』有斐閣

浜田寿美男　１９９８『私のなかの他者――私の成り立ちとウソ』金子書房

浜田寿美男　２００５『自白の研究〔新版〕』北大路書房

村井敏邦編　２００５『刑事司法と心理学――法と心理学の新たな地平線を求めて』日本評論社

E・F・ロフタス　西本武彦訳　１９８７『目撃者の証言』誠信書房

E・F・ロフタス、K・ケッチャム　仲真紀子訳　２０００『抑圧された記憶の神話――偽りの性的虐待の記憶をめぐって』誠信書房

L・スレイター　岩坂彰訳　２００５『心は実験できるか――20世紀心理学実験物語』紀伊國屋書店

S・L・スポラー、R・S・マルパス、G・ケーンケン　箱田裕司・伊東裕司監訳　２００３『目撃者の心理学』ブレーン出版

渡部保夫　1992『無罪の発見――証拠の分析と判断基準』勁草書房
渡部保夫監修　2001『目撃証言の研究――法と心理学の架け橋をもとめて』北大路書房
山本登志哉編著　2003『生み出された物語――目撃証言・記憶の変容・冤罪に心理学はどこまで迫れるか』北大路書房
冤罪・甲山事件　http://www.jca.apc.org/kabutoq/toha/t_honbun.html
私説・甲山事件　http://homepage3.nifty.com/akilaw/originsite.htm
世紀の冤罪　足利事件　http://www.cc.matsuyama-u.ac.jp/~tamura/asikagajikenn.htm

切りとり線

★読者のみなさまにお願い

この本をお読みになって、どんな感想をお持ちでしょうか。祥伝社のホームページから書評をお送りいただけたら、ありがたく存じます。今後の企画の参考にさせていただきます。また、次ページの原稿用紙を切り取り、左記まで郵送していただいても結構です。

お寄せいただいた書評は、ご了解のうえ新聞・雑誌などを通じて紹介させていただくこともあります。採用の場合は、特製図書カードを差しあげます。

なお、ご記入いただいたお名前、ご住所、ご連絡先等は、書評紹介の事前了解、謝礼のお届け以外の目的で利用することはありません。また、それらの情報を6カ月を超えて保管することもありません。

〒101—8701（お手紙は郵便番号だけで届きます）
祥伝社新書編集部
電話03（3265）2310
祥伝社ホームページ　http://www.shodensha.co.jp/bookreview/

★本書の購買動機（新聞名か雑誌名、あるいは○をつけてください）

＿＿＿＿新聞の広告を見て	＿＿＿＿誌の広告を見て	＿＿＿＿新聞の書評を見て	＿＿＿＿誌の書評を見て	書店で見かけて	知人のすすめで

★100字書評……記憶はウソをつく

名前

住所

年齢

職業

榎本博明　えのもと・ひろあき

1955年生まれ。東京大学教育心理学科卒、東芝市場調査課勤務の後、東京都立大学大学院心理学専攻に学び、大阪大学助教授を経て、名城大学教授。心理学博士。新たな心理学領域「自己心理学」の確立を目指して活動中。主な著書に『「自己」の心理学』（サイエンス社）『〈私〉の心理学的探求』（有斐閣）『自己心理学（全６巻）』（金子書房）『〈ほんとうの自分〉のつくり方』（講談社現代新書）『社会人のための「本当の自分」づくり』（講談社＋α新書）など多数。自分とは何か、に悩む人々に支持される心理学の論客である。

記憶《きおく》はウソをつく

榎本博明《えのもとひろあき》

2009年10月５日　初版第１刷発行
2018年４月15日　　第２刷発行

発行者……………辻 浩明
発行所……………祥伝社《しょうでんしゃ》
〒101-8701　東京都千代田区神田神保町3-3
電話　03(3265)2081(販売部)
電話　03(3265)2310(編集部)
電話　03(3265)3622(業務部)
ホームページ　http://www.shodensha.co.jp/

装丁者……………盛川和洋
印刷所……………萩原印刷
製本所……………ナショナル製本

Printed in Japan　ISBN978-4-396-11177-9　C0211

〈祥伝社新書〉
本当の「心」と向き合う本

074
間の取れる人 間抜けな人
人づきあいが楽になる

イッセー尾形の名演出家が教える人間関係の極意。「間」の効用を見直そう！

演出家 森田雄三

076
早朝坐禅
凛《りん》とした生活のすすめ

坐禅、散歩、姿勢、呼吸……のある生活。人生を深める「身体作法」入門！

宗教学者 山折哲雄

108
手塚治虫傑作選「家族」

単行本未収録の『ブッダ外伝 ルンチャイと野ブタの物語』をふくむ全一〇編！

漫画家 手塚治虫

121
「自分だまし」の心理学

人は、無意識のうちにウソをつく。そうやって自分を守っているのだ！

信州大学准教授 菊池 聡

142
「S」と「M」の人間学

「SとM」は性癖でも病理でもなく、一般的な性格を表わす符号！

臨床心理士 矢《や》幡《はた》 洋《よう》